KB242181

③ 그린에
（グリ

데）

얼마예요?

으로 어 도레구라이데스까)

다.

(ゃくじゅうメートル)です。

세토르데스)

이어서 120m를 보세요.

(のぼ)リ坂(ざか)なので 120(ひゃくに
를 見(み)てください。

는리자카나노데 하쿠니쥬－메토루오 미
이)

바람입니까?

(む)かい風(かぜ)ですか。

쿠카이 카제데스까)

슬라이스 바람입니다.

(ひだり)からの 横風(よこかぜ)です。

히다리카라노 요코카제데스)

쪽으로 보이네요.

)には 下(くだ)リに 見(み)えます。

와 쿠다리니 미에마스)

- 왼쪽이 높습니까? 오른쪽이 높습니까?
  左(ひだり)が 高(たか)いですか、右(みぎ)が 高(たか)いですか。
  (히다리가 타카이데스까, 미기가 타카니데스까)
- 평지예요?
  グリーンは 平(たい)らですか。
  (그린 - 와 타이라데스까)
- 아니에요, 내리막입니다.
  いいえ、下(くだ)リ 傾斜(けいしゃ)です。
  (이이에, 쿠다리 케이샤데스)

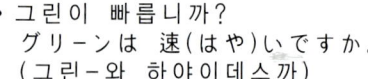

- 그린이 빠릅니까?
  グリーンは 速(はや)いですか。
  (그린 - 와 하야이데스까)
- 아니에요, 느립니다.
  いいえ、遅(おそ)いです。
  (이이에, 오소이데스)
- 오르막이 심합니까? 내리막이 심합니까?
  上(のぼ)リ 傾斜(けいしゃ)が きついですか、下(くだ)リ 傾斜(けいしゃ)が きついですか。
  (노보리 케이샤가 키츠이데스까, 쿠다리 케이샤가 키츠이데스까)
- 핀을 조금 지나면 내리막이 심해요.
  ピンを 少(すこ)し 過(す)ぎると 下(くだ)リ 傾斜(けいしゃ)が きついです。
  (핀오 스코시 스기루토 쿠다리 케이샤가 키츠이데스)
- 보기보다 오르막이 심합니다.
  見(み)た目(め)より 上(のぼ)リ 傾斜(けいしゃ)が きついです。
  (미타메요리 노보리 케이샤가 키츠이데스)

말이 필요 없는
日本語회화

요거요거 세계여행 회화 – 일본편

요거요거
말이 필요 없는 日本語 회화

펴낸이 ｜ 이병도
펴낸곳 ｜ 아트미디어(주) · 다넷미디어(주)
주소 ｜ 서울시 영등포구 문래동 3가 55-7 에이스테크노타워 707호
전화 ｜ 02) 2168-8700
팩스 ｜ 02) 2168-8712
홈페이지 ｜ www.artmedia.co.kr
등록번호 ｜ 제322-2006-000322호

▪ 값은 표지 뒷면에 적혀 있습니다.
▪ 잘못된 책은 바꾸어 드립니다.

ISBN 978-89-94864-00-6 13720

말이 필요 없는
日本語회화

요거요거 세계여행 회화 – 일본편

요거요거

일본여행

회화

아트미디어 · 다넷
ART MEDIA CO., LTD. Danet

요거요거
세계여행회화 시리즈를
시작하며

마음만 먹으면 언제든
내가 원하는 나라로
내가 원하는 목적에 맞게 떠날 수 있는
자유로운 해외여행이 가능한 세상이 되었습니다.

이런 신나는 세상,
외국어를 유창하게 할 수 있으면 가장 좋겠지만
간단하게 몇 마디라도 할 수 있다면
그것만으로도 여행의 기쁨은 두 배가 되지요.

그래서
아무리 어려운 언어도
누구나 쉽게
실제 여행에서 100% 활용할 수 있는
여행회화 시리즈를 만들게 되었습니다.

읽기만 해도 통하는 발음 표기,
급할 때는 말을 하지 않고도
의사소통이 가능한 서바이벌 맵이 있는
요거요거 시리즈와 함께
나만의 특별한 여행을 시작해 봐요!

요거요거
일본여행
회화

말이 필요 없는 日本語회화는 이렇게 구성되어 있습니다.

1 상황에 맞는
짧고 쉬운 표현

출국에서 입국까지 매 상황마다 필요한 표현들이 우리말로 정리되어 있습니다.

2 망설임 없는
언어사용

각 표현에 대한 일본어 표기를 하고, 그 아래에 원어민에 가까운 발음을 한글로 표기하여 현장에서 쉽게 활용할 수 있도록 하였습니다.

3 영어 표현을
동시에 수록

영어 표현을 동시에 수록하여, 일본인뿐만 아니라 세계 각국에서 온 관광객들과도 의사소통이 가능하도록 하였습니다.

1 간단히 묻고 답하기

예.	**はい。** 하이
	Yes. 예스
아니오.	**いいえ。** 이이에
	No. 노우
알겠습니다.	**はい、わかりました。** 하이 와카리마시타
	I understand. 아이 언더스펜드
맞습니까?	**そうですか。** 소-데스까?
	Is that right? 이즈 댓 롸잇
맞습니다.	**そうです。** 소-데스
	Right.

핵심 단어 사전

여행지에서 꼭 필요한 핵심 단어들을 주제별로 정리하였습니다.

핵심단어사전

1	いち 이치	one 원
2	に 니	two 투
3	さん 상	three 스리
4	よん, し 용시	four 포
5	ご 고	five 파이브
6	ろく 로쿠	six 씩스
7	しち 시치	seven 쎄븐
8	はち 하치	eight 에잇
9	きゅう 큐우	nine 나인
10	じゅう 쥬우	ten 텐
11	じゅういち 쥬우이치	eleven 일레븐
12	じゅうに 쥬우니	twelve 트웰브
20	にじゅう 니쥬우	twenty 트웬티
30	さんじゅう 상쥬우	thirty 써어티
40	よんじゅう 용쥬우	forty 포어티
50	ごじゅう 고쥬우	fifty 휘프티

226

① ティーグラウンドで。
・打(う)ってもいいですか。
・カートを見(み)て 打(う)ってください。
・どこに 向(む)かって 打(う)てば いいですか。
・末(き)の 方(ほう)に 打(う)ってください。

・お(みぎ)の バンカーまで どれくらい ありますか。
・200m(にひゃくメートル)です。

・私(わたし)の ボールは どこに 行(い)きましたか。
・左(ひだり)に ラフが あります。
・OB(オービー)ですか。
・いいえ、ハザードです。

골프 서바이벌 맵

골프장에서 경기 도중에 일어날 수 있는 상황별로 대화를 구성하였습니다. 당황하지 말고 경기를 즐겨보세요.

Contents

Contents

Part 1
기본 표현

1 간단히 묻고 답하기

예.	**はい。** 하 이
	Yes. 예스
아니오.	**いいえ。** 이 이 에
	No. 노우
알겠습니다.	**はい、わかりました。** 하 이 와 카 리 마 시 타
	I understand. 아이 언더스땐드
맞습니까?	**そうですか。** 소 - 데 스 까?
	Is that right? 이즈 댓 롸잇
맞습니다.	**そうです。** 소 - 데 스
	Right. 롸잇

뭐라고 하셨나 요?	**何(なん)と おっしゃいましたか。** 난 또 옷 샤 이 마 시 타 까
	I beg your pardon? 아이 베규어 파든
천천히 말씀해 주세요.	**ゆっくり、話(はな)してください。** 윳 크 리 , 하 나 시 테 쿠 다 사 이
	Speak slowly, please. 스삐익 슬로울리 플리이즈
모르겠습니다.	**よく わかりません。** 요 쿠 와 카 리 마 셍
	I don't know. 아이 돈 노우
다시 한 번 말씀해주세요.	**もう 一度(いちど) 話(はな)してください。** 모 ― 이 치 도 하 나 시 테 쿠 다 사 이
	Say that one more time, please. 쌔이 댓 원모어 타임 플리이즈

PART 1 기본표현

2 인사

안녕!	**おはよう。 / こんにちは。 / こんばんは。** 오하요- / 콘니치와 / 콘방와
	Hi. / Hello. 하이 / 헬로우
안녕하세요.	**おはようございます！ / こんにちは！ / こんばんは！** 오하요-고자이마스 / 콘니치와 / 콘방와
	Good morning. / Good afternoon. / Good evening. 굳모닝 / 구대프터눈 / 구디브닝
다음에 또 뵙 겠습니다.	**それでは、また 会(あ)いましょう。** 소레데와, 마타 아이마쇼-
	See you later. 씨율레이터
안녕히 계세 요. (안녕히 가 세요.)	**さようなら。** 사요-나라
	Good-bye. / Bye. 굳바이 바이
안녕히 주무세 요.	**お休(やす)みなさい。** 오야스미나사이
	Good night. 굳나잇

또 오세요.	**また、来(き)て下(くだ)さい。** 마타 키테쿠다사이 Please come again. 플리이즈 커머갠
내일 만나요.	**では、またあした。** 데와 마타아시타 See you tomorrow. 씨유 터모로우
즐거웠습니다.	**樂(たの)しかったです。** 타노 시캇타데스 I had a good time. 아이 해더 굳 타임
멋진 시간 보 내세요.	**樂(たの)しい 時間(じかん)を お過(す)ごし ください。** 타노시이 지칸오 오스고시 쿠다사이 Have a wonderful time. 해버 원더플 타임
주말 잘 보내 세요.	**良(よ)い 週末(しゅうまつ)を お過(す)ごし ください。** 요이 슈-마츠오 오스고시 쿠다사이 Have a good weekend. 해버 구뒤켄느

3 안부

오랜만입니다.	**お久(ひさ)しぶりです。** 오 히 사 시 부 리 데 스 Long time no see. 을롱 타임 노우 씨
여긴 웬일이세요?	**どうしたんですか。** 도-시 탄 데 스 까 What brought you here? 왓 브로츄 히어
여긴 웬일이세요?	**お元気(げんき)ですか。** 오 겐 키 데 스 까 How have you been? 하우 해뷰 빈
그저 그렇습니다.	**まあまあです。** 마-마-데 스 So-so. 쏘 쏘우
잘 지냈습니다. 이와이상은 어땠습니까?	**おかげさまで 元気(げんき)です。岩井(いわい)さんは お元気(げんき)でしたか。** 오카게사마데 겐끼데스. 이와이상와 오겐키데시타까 Great, how about you? 그뤠잇 하우 어바우츄

별일 없으시죠?	**お変(か)わりありませんか。** 오 카 와 리 아 리 마 셍 까
	How are you today? 하우 아유 투데이
네, 좋습니다.	**はい、いいです。** 하 이, 이 - 데 스
	Fine, thank you. 파인 쌩큐
요즘 바쁩니다.	**最近(さいきん)、忙(いそが)しいです。** 사 이 킨 이 소 가 시 이 데 스
	I'm busy these days. 아임 비지 디이즈 데이즈
민호에게 안부 전해 줘.	**民호に よろしく お伝(つた)えください。** 민 호 니 요 로 시 쿠 오 츠 타 에 쿠 다 사 이
	Say hello to Min-ho. 쎄이 헬로우 투 민호
우리 언제 모 입시다.	**みんなで また今度(こんど) 集(あつ)まりましょう。** 민 나 데 마 따 콘 도 아 츠 마 리 마 쇼 -
	Let's get together sometime. 을레츠 겟 투게더 썸타임

우리 언제 한 잔 합시다.	**みんなで また今度(こんど) 一杯(いっぱい) 飲(の)みに いきましょう。** 민나데 마따콘도 잇파이 노미니 이키마쇼-
	Let's have a drink sometime. 올레츠 해버 쥬링크 썸타임
저는 서둘러야 합니다.	**私(わたし)は 急(いそ)がなければなりません。** 와따시와 이소가 나케레바 나리마센
	I have to hurry. 아이 해브투 허뤼
계속 연락합시다.	**これからも ずっと 連絡(れんらく)を 取(と)り合(あ)いましょう。** 코레까라모 즛또 렌라쿠오 토리아이마쇼-
	Let's keep in touch. 올래츠 키이빈 터취
보고 싶을 거예요.	**会(あ)いたくなると 思(おも)います。** 아이타쿠나루또 오모이마스
	I'll miss you. 아일 미쓰유

4 감사 · 사과

감사합니다.

ありがとうございます。
아리가토-고자이마스

Thank you.
쌩큐

도와주셔서 감사합니다.

助(たす)けてくださって ありがとうございます。
타스케테 쿠다삿떼 아리가토-고자이마스

Thank you for your help.
쌩큐 퓌류어 헤얼프

전화 주셔서 감사합니다.

お電話(でんわ) ありがとうございます。
오뎅와 아리가토-고자이마스

Thank you for calling.
쌩큐 퓌 코올링

어쨌든 감사합니다.

とにかく ありがとうございます。
토니카쿠 아리가토-고자이마스

Thank you anyway.
쌩큐 애니웨이

천만에요.

とんでもないです。
톤데모 나이데스

You're welcome
유어 웰컴

미안합니다.	**すみません。** 스 미 마 센 I'm sorry. 아임 쏘오뤼
실례합니다.	**失礼(しつれい)します。** 시 츠 레 이 시 마 스 Excuse me. 익스큐즈 미
기다리게 해서 죄송합니다.	**お待(ま)たせいたしました。** 오 마 타 세 이 따 시 마 시 타 I'm sorry to have kept you waiting. 아임 쏘오뤼 투 햅켑츄 웨이팅
늦어서 죄송합 니다.	**遅(おそ)くなって すみません。** 오 소 쿠 낫 테 스 미 마 센 I'm sorry for being late. 아임 쏘오뤼 풔 빙레잇
괜찮습니다.	**大丈夫(だいじょうぶ)です。** 다 이 죠 - 부 데 스 That's all right. 대츠 올 롸잇

제 잘못입니다.	**私(わたし)の せいです。** 와 타 시 노　세 – 데 스
	It's my fault. 이츠 마이 포올트
저를 용서해주 십시오.	**私(わたし)を 許(ゆる)してください。** 와 타 시 오　유 루 시 테 쿠 다 사 이
	Please forgive me. 플리이즈 풔깁미
불편을 끼쳐드 려서 죄송합니 다.	**迷惑(めいわく)を おかけして、申(もう)し 訳(わけ)ありません。** 메 이 와 쿠 오　오 카 케 시 테　모 으 시 와 케 아 리 마 센
	I'm sorry for the inconvenience. 아임 쏘오뤼 풔디 인컨비니언스

5 질문 · 부탁 · 허락

무엇을 도와드 릴까요?	何(なに)か お手伝(てつだ)いしましょうか。 나니 까 오테츠다이 시마쇼-까
	May I help you? 메이아이 헤얼퓨
좀 도와주세요.	ちょっと、手伝(てつだ)ってください。 쫏또, 테츠닷테 쿠다사이
	Please help me. 플리이즈 헤얼프미
부탁 하나 들어 주시겠어요?	一(ひと)つ お願(ねが)いが あります。 히토츠 오네가이가 아리마스
	Could you do me a favor? 쿠쥬 두 미어 페이버
물론이죠. 어서 말씀해보세요.	ええ、何(なん)ですか。お話(はな)しください。 에에, 난데스까. 오하나시 쿠다사이
	Sure. Go ahead. 슈어 고어헤드
볼펜 좀 빌려 주시겠어요?	ボールペンを ちょっと 貸(か)して もらえ ますか。 보루펜오 쫏또 카시테 모라에마스까
	May I borrow your ball-point pen? 메이아이 바로우 유어 볼포인트 펜

카메라 좀 빌려 주시겠어요?	カメラを ちょっと 貸(か)して もらえますか。
	카메라오 쫏또 카시테 모라에마스까
	Could you lend me your camera?
	쿠쥴렌드 미 유어 캐메러
말씀 좀 묻겠습니다.	ちょっと、おうかがいます。
	쫏또, 오우카가이마스
	May I ask you a question?
	메이아이 애스큐어 퀘스천
여기에 좀 써 주십시오.	ここに 書(か)いてください。
	코코니 카이테 쿠다사이
	Please write it down here.
	플리이즈 롸이딧 다운 히어
텔레비전을 꺼 주세요.	テレビを 消(け)してください。
	테레비오 케시테 쿠다사이
	Please turn off the T.V.
	플리이즈 터언 옵더 티비
그게 무슨 의미죠?	それは どんな 意味(いみ)ですか。
	소레와 돈나 이미데스까
	What do you mean?
	왓 두유 미인

전 그렇게 생각 하지 않습니다.	私(わたし)は そう思(おも)いません。 와 타 시 와 소- 오 모 이 마 센 I don't think so. 아이 돈 씽크 쏘우
이번 한 번만 봐주세요.	今回(こんかい)だけ 許(ゆる)してください。 콘 까 이 다 케 유 루 시 테 쿠 다 사 이 Please overlook my fault just this time. 플리이즈 오우벌룩 마이 포올트 저슷 디스 타임
고맙지만, 사양 합니다.	ありがたいですが、遠慮(えんりょ)して お きます。 아 리 가 타 이 데 스 가, 엔 료 시 테 오 키 마스 Thanks, but no thanks. 쌩크스 벗 노우 쌩크스
잠깐 지나가겠 습니다.	すみませんが、ちょっと 通(とお)ります。 스 미 마 셍 가, 쫏 또 토 오 리 마스 Let me pass, please. 을랫미 패스 플리이즈
전화를 써도 될까요?	電話(でんわ)を 借(か)りても いいですか。 덴 와 오 카 리 테 모 이 이 데 스 까 May I use the phone? 메이아이 유우즈더 풔운

저와 차 한 잔 어때요?	私(わたし)と お茶(ちゃ)でも 一杯(いっぱい) いかがですか。
	와타시토 오챠데모 잇파이 이카가데스까
	How about having a cup of tea with me?
	하우 어바웃 해빙어 커법 티 윗미
같이 영화구경 갑시다.	私(わたし)と 一緒(いっしょ)に 映画(えいが)でも 見(み)に 行(い)きましょう。
	와타시또 잇쇼니 에-가데모 미니 이키마쇼-
	Let's go to the movies together.
	을레츠 고우 투더 무비스 투게더
우리와 함께 하시죠	私(わたし)たちと いっしょに しませんか。
	와타시타치또 잇쇼니 시마센까?
	Please join us.
	플리이즈 조이너스
무슨 문제가 있어요?	何(なに)か 問題(もんだい)でも ありますか。
	나니카 몬다이데모 아리마스까
	What's the problem?
	와츠 더 프라블럼
뭐가 신경 쓰이세요?	何(なに)か 気(き)になりますか。
	나니카 키니나리마스까
	What's on your mind?
	와츠 온유어 마인드

PART **1** 기본표현

6 소개

처음 뵙겠습니다.	**はじめまして。** 하 지 메 마 시 테
	How do you do? 하우두 유두
만나서 반갑습니다.	**お会(あ)いできて 嬉(うれ)しいです。** 오 아 이 데 키 테 우 레 시 이 데 스
	Nice to meet you. / I'm glad to meet you. 나이스투 미츄 아임 글랫 투 미츄
만나서 기쁩니다.	**お会(あ)いできて 嬉(うれ)しいです。** 오 아 이 데 키 테 우 레 시 이 데 스
	Pleasure to meet you. 플레저 투 미츄
제 소개를 하겠습니다.	**自己紹介(じこしょうかい)します。** 지 코 쇼 – 카 이 시 마 스
	Let me introduce myself. 을랫미 인츄뤄듀스 마이셀프
어디에서 오셨습니까?	**どちらから 来(き)ましたか。** 도 치 라 카 라 키 마 시 타 까
	Where are you from? 웨어라 유 프럼

한국에서 왔습니다.	**韓国(かんこく)から 来(き)ました。** 칸 코 쿠 카 라 키 마 시 타 I'm from Korea. 아임 프럼 코뤼어
여기 사업차 오셨습니까?	**ここには ビジネスで来(き)ましたか。** 코 코 니 와 비 지 네 스 데 키 마 시 타 까 Are you here on business? 아유 히어론 비즈니스
아뇨, 휴가차 왔습니다.	**いいえ、休暇(きゅうか)で 来(き)ました。** 이 이 에 큐 - 카 데 키 마 시 타 No, I'm here on vacation. 노우 아임 히어론 베이케이션
성함이 어떻게 되세요?	**お名前(なまえ)は 何(なん)と おっしゃいますか。** 오 나 마 에 와 난 토 옷 샤 이 마 스 까 May I have your name, please? 메이아이 해뷰어 네임 플리이즈
저는 김민수라고 합니다.	**私(わたし)は 김민수と 申(もう)します。** 와 타 시 와 김 민 수 또 모 우 시 마 스 My name is Kim Min-soo. 마이 네이미즈 김 민수

PART 1 기본표현

이 사람은 제 동생 재호입니다.	この人(ひと)は 私(わたし)の弟(おとうと)の재호と 言(い)います。 코노히토와 와타시노 오토-토노 재호또 이이마스 This is my brother, Jae-ho. 디시즈 마이 브러더 재호
어떤 일에 종사하십니까?	お仕事(しごと)は 何(なん)ですか。 오시고토와 난데스 까 What business are you in? 왓 비즈니스 아유 인
저는 학생입니다.	私(わたし)は 学生(がくせい)です。 와타시와 각세- 데스 I'm a student. 아임 어 스튜든트
저는 회사원입니다.	私(わたし)は 会社員(かいしゃいん)です。 와타시와 카이샤잉데스 I'm an office worker. 아임 어노퓌스 워커
제 명함입니다.	私(わたし)の 名刺(めいし)です。 와타시노 메이시데스 Here's my business card. 히어즈 마이 비즈니스 카드

28

제 전화번호입니다.	私(わたし)の 電話番号(でんわばんごう)です。 와타시노 뎅와반고-데스	
	Here's my phone number. 히어즈 마이 풔운 넘버	
전화번호를 알 수 있을까요?	電話番号(でんわばんごう)を 教(おし)えてください。 뎅와반고-오 오시에테 쿠다사이	
	Could I have your phone number? 쿠다이 해뷰어 풔운 넘버	
몇 살이세요?	おいくつですか。 오이쿠츠데스까	
	How old are you? 하우 오울다 유	
28살입니다.	28才(にじゅうはっさい)です。 니쥬-핫사이데스	
	I'm 28 years old. 아임 트웬티에이디어스 오울드	
결혼하셨나요?	結婚(けっこん)して いますか。 켓콘시테 이마스까	
	Are you married? 아유 매뤼드	

자녀가 있습니까?	**お子(こ)さんは いますか。** 오 코 상 와 이 마 스 까
	Do you have children? 두유 햅 칠드런
네, 아들 하나 딸 둘 있습니다.	**はい。息子(むすこ)が一人(ひとり)と 娘(むすめ)が 二人(ふたり)います。** 하이. 무스코가 히토리또 무스메가 후타리이마스
	Yes, I have a son and two daughters. 예스 아이 해버 썬앤 투 다러스
다음에 또 뵙겠습니다.	**それでは、また今度(こんど) お目(め)にかかります。** 소 레 데 와, 마 타 콘 도 오 메 니 카 카 리 마 스
	I'll see you later. 아일 씨율레이터

7 축하 · 칭찬 · 위로 · 격려

축하합니다.	**おめでとうございます。** 오 메 데 토 - 고 자 이 마 스
	Congratulations. 콩그래츌레이션스
생일 축하합니 다.	**お誕生日(たんじょうび) おめでとうございます。** 오 탄 죠 - 비 오 메 데 토 - 고 자 이 마 스
	Happy birthday! 해피 버쓰데이
승진을 축하드 립니다.	**ご昇進(しょうしん) おめでとうございます。** 고 쇼 - 신 오 메 데 토 - 고 자 이 마 스
	Congratulations on your promotion. 콩그래츌레이션스 온유어 프러모우션
승리를 축하합 니다.	**ご勝利(しょうり) おめでとうございます。** 고 쇼 - 리 오 메 데 토 - 고 자 이 마 스
	Congratulations on your win. 콩그래츌레이션스 온유어 윈
환상적인 경기 였어요.	**素晴(すばら)しい 競技(きょうぎ)でした。** 스 바 라 시 이 쿄 - 기 데 시 타
	It was a fantastic game. 이뭐스어 판타스틱 게임

31

잘했어요!	**よくやりました！** 요쿠 야리마시타
	You did a good job. 유 디더 굳 잡
당신이 해냈어 요!	**あなたが やりとげましたね！** 아나타가 야리토게마시타네
	You did it! 유 디딧
훌륭해요!	**すばらしいです！** 스바라시이데스
	That's great! 대츠 그뤠잇
멋지네요!	**すてきです！** 스테키데스
	That's marvelous! 대츠 마아블러스
우울해 보여 요. 무슨 일이 에요?	**落(お)ち込(こ)んでいるようですが、どうし たんですか。** 오치콘데이루요-데스가 도-시탄데스까
	You look blue. What's up? 유울룩 블루　와첩

아무것도 아니에요.	**何(なん)でも ありません。** 난 데 모 아 리 마 셴 It's nothing. 이츠 나씽
시간이 지나면 괜찮아져요.	**時間(じかん)が 経(た)てば よくなります。** 지 캉 가 타 테 바 요 쿠 나 리 마 스 Time is a healer. 타임 이저 히일러
오늘 경기가 있어요. 긴장돼요.	**今日(きょう)は 試合(しあい)が あって 緊張(きんちょう)しています。** 쿄 - 와 시 아 이 가 앗 테 킨 쵸 - 시 테 이 마 스 I have a game today. I'm nervous. 아이 해버 게임 투데이 아임 너붜스
걱정하지 마세요.	**心配(しんぱい)しないでください。** 신 빠 이 시 나 이 데 쿠 다 사 이 Don't worry about it. 도운 워리 어바우딧
긴장을 푸세요.	**息(いき)を 抜(ぬ)いてください。** 이 키 오 누 이 테 쿠 다 사 이 Relax! 륄랙스

8 날씨 · 시간

모든 일이 잘 될 거예요.	**すべてが うまく 行(い)きますよ。** 스베테가 우마쿠 이키마스요	
	Everything will be fine. 에브뤼씽 윌비 퐈인	
난 실망이에요. 경기에서 졌어요.	**がっかりです。試合(しあい)で 負(ま)けました。** 갓카리데스. 시아이데 마케마시타	
	I'm disappointed. I lost the game. 아임 디써포인티드 아일로스트 더 게임	
잊어버리세요.	**忘(わす)れてください。** 와스레테 쿠다사이	
	Forget about it. 풔겟 어바우딧	
마음 편하게 가지세요.	**気樂(きらく)にしたほうが いいですよ。** 키라쿠니 시타호-가 이이데스요	
	Take it easy. 테이킷 이지	
신경 쓰지 마세요	**気(き)にしないでください。** 키니시나이데 쿠다사이	
	Never mind. 네버 마인드	

부럽군요!	**うらやましいです。** 우 라 야 마 시 이 데 스 I envy you! 아이 엔비 유
정말 다행이에요!	**本当(ほんとう)に よかったです。** 혼 토 - 니 요 캇 타 데 스 What a relief! 와더 륄리잎
정말 안 됐군요.	**本当(ほんとう)に 残念(ざんねん)です。** 혼 토 - 니 잔 넨 데 스 That's too bad. 대츠 투 배드
진정하세요.	**落(お)ち着(つ)いてください。** 오 치 츠 이 테 쿠 다 사 이 Calm down. 카엄 다운
여유를 가지세요.	**余裕(よゆう)を もってください。** 요 유 - 오 못 테 쿠 다 사 이 Take your time. 베이큐어 타임

8 날씨 · 시간

오늘 후텁지근 하군요.	今日(きょう)は 蒸(む)し暑(あつ)いですね。 쿄-와 무시아츠이데스네
	It's hot and humid today. 이츠 하댄 휴미드 투데이
동경의 날씨는 어떻습니까?	東京(とうきょう)の天気(てんき)は どうで すか。 토-쿄-노 텐키와 도-데스까
	What's the weather like in Tokyo? 와츠 더 웨덜라이킨 도쿄
여름은 덥고 겨 울은 춥습니다.	夏(なつ)は 暑(あつ)くて 冬(ふゆ)は 寒(さ む)いです。 나츠와 아츠쿠테 후유와 사무이데스
	It's hot in summer and cold in winter. 이츠 하린 서머 앤 코울딘 윈터
오늘 오후 일 기 예보는 어 떻습니까?	今日(きょう)の午後(ごご)の 天気(てんき) 予報(よほう)は どうですか。 쿄-노 고고노텐키요호-와 도-데스까
	What's the weather forecast this afternoon? 와츠 더 웨더 포어캐스트 디스 애프터누운
화창할[흐릴/ 비가 올] 것입 니다.	今日(きょう)は 晴(は)れる[曇(くも)る/雨 (あめ)が 降(ふ)る] そうです。 쿄-와 하레루[쿠모루/아메가 후루] 소-데스
	It will be sunny[cloudy / rainy]. 이뤌비 써니[클라우디/뤠이니]

만약을 대비해서 우산을 가지고 갑시다.	万(まん)が 一(いち)を 考(かんが)えて 傘(かさ)を 持(も)って行(い)った方(ほう)が いいです。 만가 이치오 칸가에테 카사오 못테잇타호-가 이이데스
	Let's bring umbrellas just in case. 을레츠 브링 엄브렐라스 저스틴 케이스
지금 몇 시예요?	今(いま) 何時(なんじ)ですか。 이 마 난 지 데 스 카
	What time is it now? 와타임 이짓 나우
10시 5분 전이에요.	10時(じゅうじ) 5分(ごふん)前(まえ)です。 쥬 – 지 고 훈 마에 데 스
	It's five to ten. 이츠 파이브 투 텐
제 시계는 한국 시간에 맞춰 있어요.	私(わたし)の 詩計(とけい)は 韓国(かんこく)の 時間(じかん)に 合(あ)わせておきました。 와타시노 토케이와 칸코쿠노 지칸니 아와세테 오키마시타
	My watch is on Korean time. 마이 와치 이즈 온 코뤼언 타임
일본 시간으로 맞춰 놓는 것이 좋겠어요.	日本(にほん)の 時間(じかん)に 合(あ)わせたほうが いいと 思(おも)います。 니혼노 지칸니 아와세타호-가 이이또 오모이마스
	You'd better set it on Japanese time. 유드 베러 세딧 온 재패니스 타임

시간 좀 있으세요?	**時間(じかん)ありますか。** 지 캉 아 리 마 스 까 Do you have time? 두유 햅 타임
아뇨, 나는 지금 바빠요.	**いいえ、私(わたし)は 今(いま) 忙(いそが)しいです。** 이 이 에, 와 타 시 와 이 마 이 소 가 시 이 데 스 No, I'm busy now. 노우 아임 비지 나우
우리는 약속에 늦었어요.	**私(わたし)たちは 約束(やくそく)の時間(じかん)に 遅(おく)れています。** 와 타 시 타 치 와 야 쿠 소 쿠 노 지 칸 니 오 쿠 레 테 이 마 스 We're late for the appointment. 위얼레잇 풔디 어포인먼트
서두르세요.	**急(いそ)いでください。** 이 소 이 데 쿠 다 사 이 Hurry up. 허뤼업
우리는 시간이 없어요.	**私(わたし)たちは 時間(じかん)が ありません。** 와 타 시 타 치 와 지 캉 가 아 리 마 센 We're short on time. 위어 쇼오돈 타임

(자동차) 속도를 더 내주세요.	(車 ; くるま) 速度(そくど)を 出(だ)してく ださい。 소쿠도오 다시테 쿠다사이 Step on it. 스떼보닛
문 닫을 시간 입니다.	そろそろ 閉店(へいてん)の時間(じかん)で す。 소로소로 헤이텐노지칸데스 It's almost time to close. 이츠 올모우스 타임 투 클로우즈
오늘은 며칠입 니까?	今日(きょう)は 何日(なんにち)ですか。 쿄-와 난니치데스까 What's the date today? 와츠 더 데잇 투데이
9월 5일입니다.	9月5日(くがついつか)です。 쿠가츠이츠카데스 It's September fifth. 이츠 셉템버 핍츠
오늘은 무슨 요일입니까?	今日(きょう)は 何曜日(なんようび)ですか。 쿄-와 난요-비데스까 What day is it today? 왓 데이 이짓 투데이

월요일입니다.	月曜日(げつようび)です. 게츠요-비데스
	It's Monday. 이츠 먼데이
생일이 언제입 니까?	誕生日(たんじょうび)は いつですか. 탄죠-비와 이츠데스까
	When is your birthday? 웬 이쥬어 버어츠데이
제 생일은 4월 7일입니다.	私(わたし)の誕生日(たんじょうび)は 4月7 日(しがつなのか)です. 와타시노 탄죠-비와 시가츠나노카데스
	My birthday is April seventh. 마이 버어츠데이 이즈 에이프릴 쎄븐츠
제 생일은 음력 [양력] 10월 5일 입니다.	私(わたし)の誕生日(たんじょうび)は 陰暦 (いんれき)[陽暦(ようれき)]で10月5日(じゅ うがついつか)です. 와타시노 탄죠-비와 인레키[요-레키]데 쥬-가츠이츠카데스
	My birthday is October fifth on the lunar[solar] calendar. 마이 버어츠데이 이즈 옥토버 핍츠 온덜 루나[쏠라] 캘린 더

9 긴급 상황

아주 급합니다.	**とっても 急(いそ)いでいます。** 톳테모 이소이데 이마스 It's very urgent. 이츠 베뤼 어전트
팔이 부러졌어요.	**腕(うで)が 折(お)れました。** 우데가 오레마시타 I broke my arm. 아이 브로욱 마이 아암
의사를 불러주세요.	**医者(いしゃ)を 呼(よ)んでください。** 이샤오 욘데쿠다사이 Please call a doctor. 플리이즈 코올어 닥터
경찰을 불러주세요.	**警察(けいさつ)を 呼(よ)んでください。** 케이사츠오 욘데쿠다사이 Please call the police. 플리이즈 코올더 폴리스
여권을 잃어버렸습니다.	**パスポートを なくしました。** 파스포-토오 나쿠시마시타 I've lost my passport. 아이블로스트 마이 패스뽀엇

한국대사관은 어디입니까?	**韓国(かんこく)の 大使館(たいしかん)は どこですか。** 칸코쿠노 타이시칸와 도코데스까 Where is the Korean embassy? 웨어 이즈 더 코리언 엠버씨
저는 곤란한 처지에 있어요.	**私(わたし)は 今(いま) 困(こま)っています。** 와타시와 이마 코맛테이마스 I'm in trouble. 아임 인 츄뤄블
제 차가 고장 났어요.	**私(わたし)の 車(くるま)が 故障(こしょう)しました。** 와타시노 쿠루마가 코쇼-시마시타 My car broke down. 마이카 브로욱 다운
한국어를 하는 사람이 필요합니다.	**韓国語(かんこくご)が できる人(ひと)が 必要(ひつよう)です。** 칸코쿠고가 데키루히토가 히츠요-데스 I need somebody who speaks Korean. 아이 니드 썸바디 후 스삐익스 코리언

Part 2

출국

1 항공편 예약

오사카항공입니다. 어떻게 도와드릴까요?	大阪航空(おおさかこうくう)です。どういった ご用件(ようけん)でしょうか。 오오사카코-쿠-데스 도-잇따 고요-켄데쇼-까 Osaka Air. How may I help you? 오사카 에어 하우 메이아이 헤얼퓨
동경행 항공편을 예약하고 싶습니다.	東京(とうきょう)行(ゆ)きの 航空便(こうくうびん)を 予約(よやく)したいです。 도-쿄-유키노 코-쿠-빙오 요야쿠시타이데스 I'd like to reserve a flight for Tokyo. 아이들라익 투 뤼서버 플라잇 풔 샹하이
언제 출발하실 겁니까?	いつ ご出発(しゅっぱつ)されますか。 이츠 고슛파츠사레마스카 When would you like to leave? 웬 우쥴라익 툴리입
8월 18일에 떠나려고 합니다.	8月 18日(はちがつじゅうはちにち)に 出発(しゅっぱつ)する予定(よてい)です。 하치가츠 쥬-하치니치니 슛파츠스루 요테이데스 I'd like to leave on August eighteenth. 아이들라익 툴리이본 오거스트 에이티인츠
가장 일찍 출발하는 항공편은 무엇입니까?	一番(いちばん) 早(はや)く 出発(しゅっぱつ)する 航空便(こうくうびん)は 何(なん)ですか。 이치방 하야쿠 슛파츠스루 코-쿠-빙와 난데스까 What's the earliest flight? 와츠 디 어얼리스트 플라잇

언제 돌아오실 겁니까?	いつ お帰(かえ)りに なりますか。 이 츠 오 카 에 리 니 나 리 마 스 까
	When will you return? 웬 윌류 뤼턴
8월 21일에 돌아옵니다.	8月21日(はちがつにじゅういちにち)に 帰(かえ)ります。 하 치 가 츠 니 쥬- 이 치 니 치 니 카 에 리 마 스
	My return date is August twenty-first. 마이 뤼턴 데이티즈 오거숫 트웬티퍼스트
오늘 오후에 출발하는 동경행 비행기가 있습니까?	今日(きょう)の午後(ごご)、出発(しゅっぱつ)する 東京(とうきょう)行(ゆ)きの 飛行機(ひこうき)は ありますか。 쿄-노고고 슛파츠스루, 도-쿄-유키노 히코-키와 아리마스까
	Are there any flights for Tokyo this afternoon? 아데어 애니 플라이츠 풔 도쿄 디즈 애프터눈
거기까지 얼마나 걸립니까?	そこまで どのぐらい かかりますか。 소 코 마 데 도 노 구 라 이 카 카 리 마 스 까
	How long does it take to get there? 하울롱 더짓 테익 투겟 데어
3시간 걸립니다.	3時間(さんじかん) かかります。 산 지 칸 카 카 리 마 스
	It takes 3 hours. 잇 베익스 쓰리 아우어즈

동경행 편도표 한 장 주세요.	東京(とうきょう)行(ゆ)きの 片道(かたみち)チケットを 一枚(いちまい) ください。 도-쿄-유키노 카타미치치켓토오 이치마이 쿠다사이 I'd like a one-way ticket to Tokyo. 아이들라이커 원웨이 티킷 투 도쿄
비즈니스석[이코노미석] 한 장 주십시오.	ビジネスクラス[エコノミークラス]を 一枚(いちまい) ください。 비지네스크라스[에코노미크라스]오 이치마이 쿠다사이 I'd like a ticket in business[economy] class. 아이들라이커 티킷 인 비즈니스[이코노미] 클래스
이코노미석 3 장 주십시오.	エコノミークラスで 3枚(さんまい) ください。 에코노미크라스데 삼마이 쿠다사이 I'd like three tickets in economy class. 아이들라익 쓰리 티키츠 인 이코노미 클래스
이코노미석은 자리가 있습니까?	エコノミークラスは まだ 席(せき)が ありますか。 에코노미크라스와 마다 세키가 아리마스까 Are there any seats available in economy class? 아데어 애니 씨이츠 어붸일어블 인 이코노미 클래스
이코노미석은 자리가 찼습니다.	エコノミークラスは 満席(まんせき)です。 에코노미크라스와 만세키데스 The seats in economy class are full. 더 씨이츠 인 이코노미 클래스 아 풀

창측 좌석을 원합니다.	**窓側(まどがわ)で お願(ねが)いします。** 마 도 가 와 데 오 네 가 이 시 마 스 *I'd like a window seat.* 아이들라이커 윈도우 씨잇
대기자 명단에 올려놓을까요?	**待機者(たいきしゃ)リストに 登録(とうろく) して おきますか。** 타 이 키 샤 리 스 토 니 토 - 로 쿠 시 테 오 키 마 스 까 *May I put you on the waiting list?* 메이 아이 푸츄 온 더 웨이팅리스트
제 이름을 대기 자 명단에 올려 주십시오.	**私(わたし)の名前(なまえ)を 待機者(たいきし ゃ)リストに 登録(とうろく)してください。** 와 타시노 나마에오 타이키샤 리스토니 토-로쿠시테 쿠다사이 *Please add my name on the waiting list.* 플리이즈 애드 마이 네임 온 더 웨이팅리스트
좌석이 나면 연락 드리겠습 니다.	**お席(せき)が ございましたら ご連絡(れんら く)します。** 오 세 키 가 고 자 이 마 시 타 라 고 렌 라 쿠 시 마 스 *We'll call you if a seat becomes available.* 위월 코올류 이퍼 씨잇 비컴즈 어붸일어블

2 예약 확인 · 변경 · 취소

예약을 확인하고 싶습니다.

予約(よやく)を 確認(かくにん)したいんですが。
요야쿠오 카쿠닝 시타잉데스가

I'd like to confirm my reservation.
아이들라익 투 컨퍼엄 마이 뤠저베이션

예약 번호를 알려주시겠습니까?

予約番号(よやくばんごう)を 教(おし)えてもらえますか。
요야쿠방고-오 오시에테 모라에마스 까

May I have your reservation number, please?
메이아이 해뷰어 뤠저베이션 넘버 플리이즈

KE26357번 입니다.

KE26357番(ばん)です。
케이이 니 록 산 고 나나반데스

It's KE26357.
이츠 케이이 투 씩스 쓰리 퐈이브 쎄븐

당신의 항공편은 확인되었습니다.

あなたの 航空便(こうくうびん)は 確認(かくにん)できました。
아나타노 코-쿠-빙와 카쿠닝데키마시타

Your flight is confirmed.
유어 플라이티즈 컨풔엄드

출발 2시간 전에 공항으로 나오시기 바랍니다.

出発(しゅっぱつ)の2時間(にじかん)前(まえ)に 空港(くうこう)に 来(き)てください。
슛파츠노 니지칸마에니 쿠-코-니 키테 쿠다사이

Please be at the airport 2 hours before the departure time. 플리이즈 비엣디 에어포얻 투 아우어즈 비풔 더 디파아춰 타임

예약을 변경하고 싶습니다.	予約(よやく)を 変更(へんこう)したいです。 요야쿠오 헨코- 시타이데스 -------- I'd like to change my reservation. 아이들라익 투 체인쥐 마이 뤠저베이션
출발을 8월 5일에서 8월 6일로 변경하고 싶습니다.	出発(しゅっぱつ)を 8月5日(はちがついつか)から 8月6日(はちがつむいか)に 変更(へんこう)したいです。 슛파쓰오 하치가츠이츠카까라 하치가츠무이카니 헨코-시타이데스 -------- I'd like to change my departure date from August fifth to August sixth. 아이들라 투 체인쥐 마이 디파춰 데잇 프럼 오거슷 퓌츠 투 오거슷 식스츠
8월 6일 좌석이 있는지 알아보겠습니다.	8月6日(はちがつむいか)の 座席(ざせき)があるか 調(しら)べてみます。 하치가츠 무이카노 자세키가 아루카 시라베테미마스 -------- I will check if there are any seats available August sixth. 아이윌 첵 이잎 데어러 에니 씨이츠 어붸일어블 오거슷 식스츠
예약을 취소하고 싶습니다.	予約(よやく)を 取(と)り消(け)したいです。 요야쿠오 토리케시타이데스 -------- I'd like to cancel my reservation. 아이들라익 투 캔슬 마이 뤠저베이션

3 탑승

탑승 수속은 어디에서 합니까?	**搭乗(とうじょう)の手続(てつづ)きは どこ で したら いいですか。** 토우죠-노 테츠즈키와 도코데 시타라 이이데스까
	Where do I begin the boarding procedure? 웨어 두아이 비긴 더 보딩 프러씨줘
탑승은 언제 시작합니까?	**搭乗(とうじょう)は いつ 始(はじ)まります か。** 토우죠-와 이츠 하지마리마스 까
	When does the boarding begin? 웬 더즈더 보딩 비긴
비행기 표를 보여주시겠습 니까?	**飛行機(ひこうき)の チケットを 見(み)せて もらえますか。** 히코-키노 치켓토오 미세테모라에마스 까
	May I see your ticket, please? 메이아이 씨 유어 티킷 플리이즈
여기 있습니다.	**ここに あります。** 코코니 아리마스
	Here it is. 히어뤼티이즈
3번 게이트는 어디입니까?	**3番(さんばん) ゲートは どちらですか。** 산방 게-토와 도치라데스 까
	Where is Gate Three? 웨어리즈 게잇 쓰리

부칠 짐이 있습니까?	送(おく)りたい 荷物(にもつ)が ありますか。 오쿠리타이 니모츠가 아리마스까 Do you have any baggage to check? 두유 해배니 배기지 투 첵
제가 부칠 수 없는 품목이 있습니까?	送(おく)れない 項目(こうもく)が ありますか。 오쿠레나이 코-모쿠 아리마스까 Do you have any restricted items that I can't check? 두유 해배니 뤼스트릭티드 아이템즈 대다이 캔트 첵
부칠 가방이 2개 있습니다.	送(おく)りたい 荷物(にもつ)が 二(ふた)つ あります。 오쿠리타이 니모츠가 후타츠 아리마스 I have two suitcases to check. 아이해브 투 쑤웃 케이시즈 투 첵
저는 휴대 가방만 있습니다.	私(わたし)は 機内用荷物(きないようにもつ)だけです。 와타시와 키나이요우니모츠다케데스 I only have a carry-on. 아이 온리 해버 캐리온
당신의 가방은 무게가 2kg 초과되었습니다.	あなた 鞄(かばん)の 重量(じゅうりょう)が 2(に)キログラム 超過(ちょうか)に なります。 아나타노 카방노 쥬-료-가 니키로구라므 쵸-카니 나리마스 Your bag is overweight by 2 kilograms. 뉴어 배기즈 오우버웨잇 바이 투 킬로그램즈

추가요금을 내고 그 가방을 부치시겠습니까?

追加(ついか)料金(りょうきん)を 払(はら)って その鞄(かばん)を 送(おく)りますか。

츠이카요-킨오 하랏테 소노카방오 오쿠리마스까

Would you like to pay extra to check the bag?

우쥴라익 투 페이 엑스트라 투 첵 더 백

당신의 가방을 컨베이어 벨트 위에 올려 놓으십시오.

あなたの 鞄(かばん)を ベルトコンベヤーの 上(うえ)に 乗(の)せてください。 아나타노 카방오 베르토 콘베야-노우에니 노세테 쿠다사이

Please place your bag on the conveyor belt.

플리이즈 플레이스 유어 백 온더 컨붸이어 벨트

면세점에 다녀올 시간이 있습니까?

免税店(めんぜいてん)に 行(い)く時間(じかん)は ありますか。

멘제-텐니 이쿠지캉와 아리마스 까

Do I have enough time to go to the duty-free shop?

두아이 해비넙 타임 투 고우 투더 듀티프뤼 샵

당신의 비행기는 12번 게이트에서 6시에 탑승합니다.

あなたの 飛行機(ひこうき)は 12番(じゅうにばん)ゲートから 6時(ろくじ)より 搭乗(とうじょう)できます。

아나타노 히코-키와 쥬-니반 게-토카라 로쿠지요리 토우죠-데키마스

Your flight will board at gate 12 at 8.

유어 플라잇 윌 보오드 앳 게잇트웰브 애데잇

4 기내에서

탑승권을 보여 주십시오.	搭乗券(とうじょうけん)を 見(み)せてください。 토우죠-켄오 미세테 쿠다사이	
	Please show your boarding pass. 플리이즈 쇼우유어 보딩 패스	
여기 있습니다.	ここに あります。 코코니 아리마스	
	Here you are. 히어류아	
제 좌석은 어디입니까?	私(わたし)の座席(ざせき)は どこですか。 와타시노 자세키와 도코데스까	
	Where is my seat? 웨어뤼즈 마이 씨잇	
제 좌석은 16-C입니다.	私(わたし)の 座席(ざせき)は 16-C(じゅうろくのシー)です。 와타시노 자세키와 쥬-로쿠노 시-데스	
	My seat is sixteen C. 마이 씨잇 이즈 씩쓰티인 씨이	
손님 좌석은 저쪽입니다.	お客様(きゃくさま)の 座席(ざせき)は あちらです。 오캮사마노 쟈세키와 아치라데스	
	Your seat is that way. 유어 씨잇 이즈 댓웨이	

실례지만 지나가도 되겠습니까?	すみませんが、通(とお)っても よろしいですか。
	스미마센가, 토옷테모 요로시이데스까
	Excuse me, but may I pass through?
	익스큐즈미 벗 메이아이 패쓰루

이쪽으로 오십시오.	こちらへ お越(こ)しください。
	코치라에 오코시 쿠다사이
	This way, please.
	디스 웨이 플리이즈

여기는 제 자리인 것 같습니다.	ここは 私(わたし)の 席(せき)のようですが。
	코코와 와타시노 세키노요우데스가
	I think this is my seat.
	아이 씽크 디씨즈 마이 씨잇

자리 좀 바꿔주시겠습니까?	席(せき)を 変(か)えて もらえないでしょうか。
	세키오 카에테 모라에나이데쇼-까
	Would you mind changing seats with me?
	우쥬 마인드 췌인징 씨이츠 윗미

친구 옆자리로 옮겨도 될까요?	友達(ともだち)の 横(よこ)の 席(せき)に 移(うつ)っても いいですか。
	토모다치노 요코노세키니 우츳테모 이이데스까
	May I move next to my friend?
	메이아이 무브 넥스투 마이 프렌드

다른 자리로 옮겨도 될까요?	他(ほか)の 席(せき)に 移動(いどう)しても いいですか。 호 카 노 세 키 니 이 도 - 시 테 모 이 이 데 스 까
	Can I change to another seat? 캐나이 췌인쥐 투 어너더 씨잇
의자를 눕혀도 되겠습니까?	椅子(いす)を 倒(たお)しても 大丈夫(だいじょうぶ)ですか。 이 스 오 타 오 시 테 모 다 이 죠 - 부 데 스 까
	Can I get my seat to recline? 캐나이 겟 마이 씨잇 투 뤼클라인
담배를 피워도 괜찮겠습니까?	タバコを 吸(す)っても いいですか。 타 바 코 오 숫 테 모 이 이 데 스 까
	Do you mind if I smoke? 두유 마인드 이파이 스모욱
기내에서는 금연입니다.	機内(きない)では 禁煙(きんえん)に なっています。 키 나 이 데 와 킨 엔 니 낫 테 이 마 스
	You can't smoke on the plane. 유 캔트 스모욱 온더 플레인
의자를 세워주시겠습니까?	椅子(いす)を 立(た)てて もらえますか。 이 스 오 타 테 테 모 라 에 마 스 까
	Could you please put your seat in the upright position? 쿠쥬 플리이즈 푸츄어 씨잇 인디 업롸잇 포지션

5 기내 서비스

한국 신문[영자 신문] 좀 주시겠습니까?	**韓国(かんこく)の 新聞(しんぶん)[英字(えいじ)新聞(しんぶん)]を もらえますか。** 칸코쿠노 신분[에이지 신분]오 모라에마스까 Would you bring me a Korean[an English] newspaper? 우쥬 브링 미 어코뤼언[어닝글리쉬] 뉴스페이퍼
여기 신문 가져 왔습니다.	**新聞(しんぶん)を お待(ま)ちしました。** 신분오 오모치시마시타 Here's your newspaper. 히어쥬어 뉴스페이퍼
마실 것 좀 드시겠습니까?	**お飲み物(のみもの)は いかがですか。** 오노미모노와 이카가데스까 Would you like something to drink? 유쥬라익 썸씽 투 쥬링크
아니오, 괜찮습니다.	**いいえ、大丈夫(だいじょうぶ)です。** 이이에, 다이죠－부데스 No, thank you. 노우 쌩큐
어느 종류의 음료수가 있습니까?	**飲み物(のみもの)は 何(なに)が ありますか。** 노미모노와 나니가 아리마스까 What kind of drinks do you have? 왓 카인덥 쥬링크스 두유 해브

우리는 물, 커피, 홍차, 주스, 포도주, 맥주가 있습니다.	ミネラルウォーター、コーヒー、紅茶(こうちゃ)、ジュース、ワイン、ビールが あります。 미네라루워타-, 코-하-, 코-챠, 쥬-스, 와인, 비-루가 아리마스 We have water, coffee, tea, juice, wine, and beer. 위햅 워터 커피 티 쥬스 와인 앤 비어
커피 한 잔 주세요.	コーヒーを ください。 코 - 히 - 오 쿠 다 사 이 I'd like a cup of coffee. 아들라이커 커붑 커피
시원한 것 좀 마시고 싶습니다.	冷(つめ)たい ものが ほしいです。 츠 메 타 이 모 노 가 호 시 이 데 스 I want something cold to drink. 아이원트 썸씽 코울드 투 쥬링크
물(맥주/주스) 좀 주세요.	お水(みず)[ビール／ジュース] ください。 오 미 즈 [비 - 루 ／ 쥬 - 스] 쿠 다 사 이 Water[Beer／Juice], please. 워러[비어/주스] 플리즈
닭고기로 하시겠습니까, 생선으로 하시겠습니까?	鶏肉(とりにく)と お魚(さかな)と どちらが よろしいですか。 토리니쿠또 오사카나토 도치라가 요로시이데스까 Would you like the chicken or the fish? 우즐라익 디 취근 오어너 피쉬

닭고기를 먹겠습니다.	**鶏肉(とりにく)で お願(ねが)いします。** 토리니쿠데 오네가이시마스
	I'll have the chicken. 아일 햅더 취큰
채식주의자 식단을 원합니다.	**野菜(やさい)のみの もので お願(ねが)いします。** 야사이노미노 모노데 오네가이시마스
	I'd like a vegetarian meal. 아이들라이커 붸쥐태리언 미얼
식사 다 하셨습니까?	**食事(しょくじ)は 終(お)わりましたか。** 쇼쿠지와 오와리마시타까
	Are you finished with your meal? 아유 퓌니쉬트 위듀어 미얼
네, 다 먹었습니다.	**はい、終(お)わりました。** 하이, 오와리마시타
	Yes, I'm finished. 예스 아임 퓌니쉬트
아직 안 먹었습니다.	**まだ 食(た)べて います。** 마다 타베테 이마스
	Not yet. 낫옛

담요 한 장 주세요.	**毛布(もうふ) 一枚(いちまい) お願(ねが)いします。** 모-후 이치마이 오네가이시마스 Bring me a blanket, please. 브링 미어 블랭킷 플리이즈
베개도 하나 주세요.	**枕(まくら)も 一(ひと)つ お願(ねが)いします。** 마쿠라모 히토츠 오네가이시마스 Bring me a pillow, too. 브링 미어 필로우 투
토할 것 같아요.	**吐(は)きそうです。** 하키소-데스 I'm going to throw up. 아임 고우잉투 쓰로우업
멀미용 봉투 좀 갖다 주세요.	**吐袋(とぶくろ) お願(ねが)いします。** 토부쿠로 오네가이시마스 Please bring me an airsickness bag. 플리이즈 브링 미언 에어씩니스 백
두통(복통)이 심합니다.	**頭痛(ずつう)[腹痛(ふくつう)]が ひどいです。** 즈츠-[후쿠츠-]가 히도이데스 I have a terrible headache[stomachache]. 이이 해버 테뤄블 헤느에익[스따먹에익]

머리가 어지럽습니다.	**めまいが します。** 메 마 이 가 시 마 스 My head is spinning. 마이 헤디즈 스삐닝
멀미약으로 뭐 좀 있습니까?	**よい止(ど)め 薬(ぐすり)は ありますか。** 요 이 도 메 구 스 리 와 아 리 마 스 까 Do you have anything for airsickness? 두유 햅 애니씽 풔 에어씩니스
좀 좋아지셨습니까?	**体(からだ)の 調子(ちょうし)は 大丈夫(だいじょうぶ)ですか。** 카 라 다 노 쵸 - 시 와 다 이 죠 - 부 데 스 까 Are you feeling better? 아유 필링 베러
이제 좋아졌습니다.	**もう すっかり よくなりました。** 모 - 숫 카 리 요 쿠 나 리 마 시 타 I'm better now. 아임 베러 나우
제 헤드폰이 고장입니다.	**私(わたし)の ヘッドホンが 故障(こしょう)のようです。** 와 타 시 노 헷 도 홍 가 코 쇼 - 노 요 - 데 스 My headphones aren't working. 마이 헤드풔운즈 아언퉈어킹

영화는 몇 번 채널에서 나옵니까?	映画(えいが)は 何番(なんばん) チャネルですか。 에이가와 난방 챠네루데스까
	Which channel is the movie on? 위취 췌널 이즈더 무비 온
이 비행기에서 면세품 기내 판매를 합니까?	この 飛行機(ひこうき)で 免税品(めんぜいひん)の 機内販売(きないはんばい)を していますか。 코노 히코-키데 멘제이힝노 키나이한바이오 시테이마스까
	Do you sell tax-free items on this plane? 두유 쎌 택스프뤼 아이템스 온 디스 플레인
쇼핑 카탈로그 좀 갖다 주시겠습니까?	ショッピングの カタログを いただけますか。 숏핀구노 카타로구오 이타다케마스까
	Would you bring me the shopping catalogue? 우쥬 브링미 더 쇼핑 카달로그
위스키 2병 주세요.	ウイスキーを 2本(にほん)ください。 우이스키-오 니홍 쿠다사이
	I'd like two bottles of whiskey. 아이들라익 투 바들접 위스키
카드로 지불하겠습니다.	カードで 支払(しはら)います。 카-도데 시하라이마스
	I'll pay with credit card. 아일 페이 윗 그뤠딧 카드

원화로[달러로/엔화로] 지불하겠습니다.	**ウォン[ドル／円]で 支払(しはら)います。** 원[도루／엔]데 시하라이마스
	I'll pay by won[dollar/yen]. 아윌 페이 바이 원[달러/엔]
입국신고서를 작성해주십시오.	**入国(にゅうこく)カードを 書(か)いてください。** 뉴-코쿠 카-도오 카이테 쿠다사이.
	Please fill out the Disembarkation Card. 플리즈 피얼아웃 더 디스임바케이션 카드
어떻게 쓰는지 도와주세요.	**書(か)き方(かた)を 教(おし)えてください。** 카키카타오 오시에테 쿠다사이
	Please help me fill out the form. 플리즈 헬프미 피얼아웃 더 풔엄
죄송하지만 한 장 더 주세요.	**すみませんが、もう 一枚(いちまい)ください。** 스미마센가, 모- 이치마이 쿠다사이
	Sorry, but I need another one. 쏘오리 버다이 니이더나더 원
언제 동경에 도착합니까?	**いつ 東京(とうきょう)に 着(つ)きますか。** 이츠 토-쿄-니 츠키마스 까
	When will it arrive in Tokyo? 웬 윌잇 어롸이브 인 토쿄

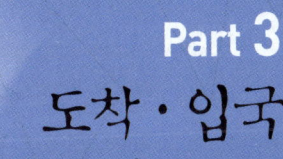

Part 3

도착·입국

1 비행기 갈아타기

저는 비행편을 갈아타려고 합니다.	私(わたし)は 飛行機(ひこうき)を 乗(の)り換(か)えるつもりです。 와타시와 히코-키오 노리카에루츠모리데스 I'm going to take a connecting flight. 아임 고우잉 투 테이커 커넥팅 플라잇
제 비행기가 연착했습니다.	私(わたし)の 飛行機(ひこうき)が 遅延(ちえん)しました。 와타시노 히코-키가 치엔시마시타 My flight was delayed. 마이 플라잇 워즈 딜레이드
저는 연결 비행기를 놓쳤습니다.	私(わたし)は 次(つぎ)の 飛行機(ひこうき)に 乗(の)り遅(おく)れました。 와타시와 츠기노 히코-키니 노리오쿠레마시타 I missed my connecting flight. 아이 미스트 마이 커넥팅 플라잇
다른 항공편을 알아봐 주십시오.	他(ほか)の 航空便(こうくうびん)を 調(しら)べてください。 호카노 코-쿠-빙오 시라베테 쿠다사이 Please check another flight for me. 플리이즈 체커너더 플라잇 풔 미
9번 게이트가 어디입니까?	9番(きゅうばん) ゲートは どこですか。 큐-방 게-토와 도코데스까 Where's the gate nine? 웨어즈더 게잇 나인

2 짐 찾기

수하물 찾는 곳은 어디입니까?	**手荷物(てにもつ)は どこで 受(う)け取(と)ったら いいですか。** 테니모츠와 도코데 우케톳따라 이이데스까 Where's the baggage claim? 웨어즈더 배기지 클레임
제 가방이 나오지 않았습니다.	**私(わたし)の 鞄(かばん)が まだ 出(で)て来(こ)ないんです。** 와타시노 카방가 마다 데테 코나잉데스 My suitcase didn't come out. 마이 슈웃케이스 디든트 커마웃
제 가방을 찾을 수 없습니다.	**私(わたし)の 鞄(かばん)が 見(み)つからないんです。** 와타시노 카방가 미츠카라나잉데스 I can't find my bags. 아이 캐앤트 파인드 마이 백
어떤 항공편으로 오셨습니까?	**どの 航空便(こうくうびん)で 着(つ)きましたか。** 도노 코-쿠-빙데 츠키마시타 까 What was your flight number? 왓 워스유어 플라잇 넘버
당신의 가방은 어떻게 생겼나요?	**あなたの 鞄(かばん)は どんな 形(かたち)ですか。** 아나타노 카방와 돈나 카타치데스까 What does your bag look like? 왓 더쥬어 백 룩라익

분실한 가방을 어디에 신고해야 합니까?	鞄(かばん)の 紛失届(ふんしつとどけ)は どこでしますか。 카방노 훈시츠토도케와 도코데 시마스까
	Where could I report the missing bag? 웨어 쿠드아이 뤼포엇 더 미씽 백
제 가방이 파손되었습니다.	私(わたし)の 鞄(かばん)が 壊(こわ)れました。 와타시노 카방가 코와레마시타
	My suitcase is damaged. 마이 수웃케이스 이즈 대미지드
수하물 인환증을 보여 주십시오.	荷物(にもつ)の 引換書(ひきかえしょ)を 見(み)せてください。 니모츠노 히키카에쇼오 미세테쿠다사이 이
	Please show me your claim check. 플리이즈 쇼우미 유어 클레임첵
당신의 가방은 한국에 남아 있습니다.	あなたの 鞄(かばん)は 韓国(かんこく)に 残(のこ)っています。 아나타노 카반와 칸코쿠니 노콧테이마스
	Your suitcase was left behind in Korea. 유어 수웃케이스 워즐레프트 비하인드 인 코리아
그것은 다음 항공편으로 올 것입니다.	それは 次(つぎ)の 航空便(こうくうびん)で 来(く)る予定(よてい)です。 소레와 츠기노 코-쿠-빙데 쿠루요테이데스
	It'll come in on the next flight. 이딜 커민 온더 넥스 플라잇

제가 여기에서 기다려야 합니까?	私(わたし)は ここで 待(ま)たなければならないですか。 와타시와 코코데 마타나케레바 나라나이데스까
	Should I wait here? 슈다이 웨잇 히어
그러실 필요 없습니다.	大丈夫(だいじょうぶ)です。 다이죠-부데스
	You don't have to. 유돈 햅투
당신의 호텔로 배달해 드리겠습니다.	あなたの ホテルまで お届(とど)けします。 아나타노 호테루마데 오토도케시마스
	We'll deliver it to your hotel. 위월 딜리버릿 투 유어 호텔

3 입국 신고

여권을 보여주세요.	**パスポートを 見(み)せてください。** 파 스 포 – 토 오 미 세 테 쿠 다 사 이
	Passport, please. 패쓰포엇 플리이즈
여기 있습니다.	**どうぞ。** 도 – 죠
	Here it is. 히어리티즈
방문 목적은 무엇입니까?	**訪問(ほうもん)の 目的(もくてき)は 何(なん)ですか。** 호 – 몬 노 모 쿠 테 키 와 난 데 스 까
	What's the purpose of your visit? 와츠 더 퍼포오즈 오뷰어 비짓
관광입니다.	**觀光(かんこう)です。** 칸 코 – 데 스
	I'm here for sightseeing. 아임 히어 풔 싸잇씨잉
사업차 왔습니다.	**ビジネスで 来(き)ました。** 비 지 네 스 데 키 마 시 타
	I am here on business. 아임 히어론 비즈니스

친척 방문입니다.	**親戚の訪問(しんせきのほうもん)です。** 신 세 키 노 호 - 몬 데 스
	To visit my family. 투 비짓 마이 패밀리
이번이 처음 방문이십니까?	**今回(こんかい)が 初(はじ)めての 訪問(ほうもん)ですか。** 콘 카 이 가 하 지 메 테 노 호 - 몬 데 스 까
	Is this your first visit to Japan? 이즈 디슈어 퓌어슷 비지투 재팬
네, 처음입니다.	**はい、初(はじ)めてです。** 하 이, 하 지 메 테 데 스
	Yes, it's my first trip. 예스 이츠 마이 퓌어스츄립
세 번째입니다.	**3回目(さんかいめ)です。** 산 까 이 메 데 스
	It's my third trip. 이츠 마이 써드 츄립
일본에는 얼마나 머뭅니까?	**日本(にほん)には どのぐらい 滞在(たいざい)しますか。** 니 혼 니 와 도 노 구 라 이 타 이 자 이 시 마 스 까
	How long will you stay in Japan? 하울롱 윌류 스떼이인 재팬

PART 3 도착·입국

대략 1주일 머뭅니다.	約(やく)1週間(いっしゅうかん) 滞在(たいざい)します。 야크 잇슈-칸 타이자이시마스 About a week. 어바우러 위크
어디에서 머뭅니까?	どこに 泊(と)まりますか。 도코니 토마리마스카 Where're you staying? 웨어러 유 스떼잉
친구 집[동생 집/하얏트 호텔]에서 머뭅니다.	友達(ともだち)の 家(いえ)[弟(おとうと)の家(いえ)／ハヤットホテル]に 泊(と)まります。 토모다치노 이에[오토-토노이에／하얏토호테루]니 토마리마스 I'll stay at my friend's[my brother's/the Hyatt Hotel]. 아이월 스떼이 앳 마이 프렌즈[마이 브러더즈/더 하야트 호텔]

여권과 세관신고서를 보여주십시오.	パスポートと 税関申請書(ぜいかんしんせいしょ)を 見(み)せてください。 파스포-토또 제이칸신세이쇼오 미세테 쿠다사이 Your passport and customs declaration, please. 유어 패스포엇 앤 커스텀즈 데클러뤠이션 플리이즈
신고할 물건이 있습니까?	申告(しんこく)するものが ありますか。 신코쿠스루모노가 아리마스까 Do you have anything to declare? 두유 해배니씽 투 디클레어
신고할 물건이 없습니다.	申告(しんこく)するものは ありません。 신코쿠스루 모노와 아리마센 I don't have anything to declare. 아이돈 해배니씽 투 디클레어
가방 안에 무엇이 있습니까?	鞄(かばん)の 中(なか)に 何(なに)が ありますか。 카방노나카니 나니가 아리마스까 What do you have in your bag? 왓 두유 해빈 유어 백
가방을 열어주십시오.	鞄(かばん)を 開(あ)けてください。 카방오 아케테 쿠다사이 Open your bags, please. 오우픈 유어 백즈 플리이즈

이것은 무엇입니까?	**これは 何(なん)ですか。** 코 레 와 난 데 스 까 *What's this?* 와츠 디스
이것은 고려 인삼입니다.	**これは 高麗人参(こうらいにんじん)です。** 코 레 와 코 - 라 이 닌 진 데 스 *This is Korean ginseng.* 디시즈 코뤼언 진셍
그것은 약 50 달러 정도합니다.	**それは 約(やく) 50(ごじゅう)ドルです。** 소 레 와 야 쿠 고쥬 - 도루 데스 *It's worth about 50 dollars.* 이츠 워써바웃 핍티 달러스
관세를 지불해야 합니까?	**関税(かんぜい)を 払(はら)わなければならないですか。** 칸 제 이 오 하 라 와 나 케 레 바 나 라 나 이 데 스 까 *Do I have to pay duty?* 두아이 햅터 패이 듀티
관세를 내야 합니다.	**はい、払(はら)わなければならないです。** 하 이 하 라 와 나 케 레 바 나 라 나 이 데 스 *You have to pay duty.* 유 햅터 패이 듀티

5 환전

환전소는 어디 입니까?	**両替所(りょうがえしょ)は どこですか。** 료-가에쇼와 도코데스까
	Where's the currency exchange office? 웨어스더 커Y시 익스췌인쥐 오퓌스
오늘 환율은 어떻게 됩니 까?	**今日(きょう)の 為替(かわせ)レートは いく らですか。** 쿄-노 카와세레-토와 이쿠라데스까
	What's the exchange rate today? 와츠디 익스췌인쥐 뤠잇 투데이
100달러를 엔 화로 환전해 주십시오.	**100(ひゃく)ドルを 円(えん)に 両替(りょ うがえ)してください。** 햐쿠도루오 엔니 료-가에시테 쿠다사이
	Would you change one hundred dollars to Japanese yen? 우쥬유 췌인쥐 원 헌듀뤠드 달러스 투 재패니즈 엔
어떻게 바꿔드 릴까요?	**両替(りょうがえ)は どのように しますか。** 료-가에와 도노요-니 시마스까
	How do you want it? 하우 두유 원트잇
잔돈을 섞어 주시겠어요?	**小銭(こぜに)も 混(ま)ぜてください。** 코제니모 마제테 쿠다사이
	May I have some small change? 메이아이 햅썸 스모얼 췌인쉬

여행자 수표를 현금으로 바꿔 주세요.	**トラベラーズチェックを 現金(げんきん)に 変(か)えてください。** 토라베라-즈 첵크오 겐킨니 카에테 쿠다사이
	Please cash this traveler's check. 플리이즈 캐쉬 디스 츄래블러스 첵
수수료는 얼마 입니까?	**手数料(てすうりょう)は いくらですか。** 테스-료-와 이쿠라데스 까
	What's the commission? 와츠 더 커미션

Part 4

교통

1 길 찾기

리무진 서비스를 이용할 수 있습니까?	リムジンサービスの 利用(りよう)は できますか。 리무진 사-비스노 리요-와 데키마스까 Is there a limousine service available? 이즈데어럴 리무진 써비스 어붸일어블
리무진 서비스는 무료입니까?	リムジンサービスは 無料(むりょう)ですか。 리무진 사-비스와 무료-데스 까 Is the limousine service free? 이즈덜리무진 써비스 프뤼
도쿄 호텔로 데려가 주세요.	東京(とうきょう)ホテルまで お願(ねが)いします。 도-쿄- 호테루마데 오네가이시마스 Take me to the Tokyo Hotel. 테익미 투더 베이징 호텔
길을 잃었습니다.	道(みち)に 迷(まよ)いました。 미치니 마요이마시타 I'm lost. 아임 로스트
여기가 어디입니까?	ここは どこですか。 코코와 도코데스 까 Where am I? 웨어램 아이

지도에서 우리가 어디에 있습니까?	地図(ちず)では 私達(わたしたち)は どこに いますか。 치즈데와 와타시타치와 도코니 이마스까
	Where're we on the map? 웨어라워 온더 맵
우리는 지금 이 지점에 있습니다.	私達(わたしたち)は ここにいます。 와타시타치와 코코니이마스
	We're now at this point. 위아 나우 앳 디스 포인트
저도 여기가 초행입니다.	私(わたし)も ここは 初(はじ)めてです。 와타시모 코코와 하지메테데스
	I'm a stranger here, too. 아이머 스뜨뤠인저 히어 투
북쪽으로 두 블록을 가십시오.	北(きた)に 向(む)かって 交差点(こうさてん)を 二(ふた)つ 渡(わた)ってください。 키타니 무캇떼 코-사텐오 후타츠 와탓테 쿠다사이
	Go north for two blocks. 고우 노어쓰 포 투 블럭스
시부야역으로 가는 지름길을 알려 주시겠습니까?	渋谷駅(しぶやえき)へ 行(い)く近道(ちかみち)を 教(おし)えてください。 시부야에키에 이쿠 치카미치오 오시에테 쿠다사이
	Could you tell me the shortest way to the Shibuya station? 쿠쥬 텔미 더 쑈오티스트 웨이 투 더 시부야 스떼이션

어느 쪽이 북 쪽입니까?	**どちらが 北(きた)ですか。** 도 치 라 가 키 타 데 스 까
	Which way is north? 위치 웨이 이즈 노어쓰
약도를 그려주 시겠습니까?	**略図(りゃくず)を 描(か)いてください。** 랴 쿠 즈 오 카 이 테 쿠 다 사 이
	Could you draw me a map? 쿠쥬 드로 미어 맵
가까운 화장실 이 어디에있습 니까?	**一番(いちばん) 近(ちか)い お手洗(てあら)いは どこですか。** 이치반 치카이 오테아라이와 도코데스까
	Where's the nearest public toilet? 웨어즈더 니어리스트 퍼블릭 토일릿
교차로에서 오 른쪽[왼쪽]으 로 가십시오.	**交差点(こうさてん)で 右(みぎ)[左(ひだり)]に 曲(ま)がって ください。** 코-사텐데 미기[히다리]니 마갓떼 쿠다사이
	Turn right[left] at the intersection. 터언 롸이트[래프트] 앳디 인터섹션
앞으로 곧장 가면 됩니다.	**まっすぐ 行(い)けば あります。** 맛 스 구 이 케 바 아 리 마 스
	It's straight ahead. 이츠 스뜨뤠잇 어헤드

바로 모퉁이 돌아가면 있습니다.	角(かど)を 曲(ま)がれば すぐ あります。 카도오 마가레바 스구 아리마스
	It's around the corner. 이츠 어라운더 코너
여기서 멉니까?	ここから 遠(とお)いですか。 코코카라 토오이데스까
	Is it far from here? 이짓 파 프럼 히어
얼마나 멉니까?	どのくらい 離(はな)れてますか。 도노쿠라이 하나레테마스까
	How far is it? 하우 파 이짓
여기서 약 5km 떨어져 있습니다.	ここから 約(やく) 5(ご)キロ 離(はな)れています。 코코카라 야쿠 고키로 하나레테이마스
	It's about 5 kilometers from here. 이츠 어바웃 퐈이브 킬로미터즈 프럼 히어
그 곳까지 얼마나 걸립니까?	そこまで どのくらい かかりますか。 소코마데 도노쿠라이 카카리마스까
	How long does it take to get there? 하울롱 더짓 테익 투 겟데어

그 곳에 걸어서 갈 수 있습니까?	そこまで 歩(ある)いて 行(い)けますか。 소 코 마 데 아 루 이 테 이 케 마 스 카
	Can I go there on foot? 캐나이 고우데어 온풋
걸어서 20분 정도 걸립니다.	歩(ある)いて 20分(にじゅっぷん)かかります。 아 루 이 테 니 쥬 뽄 카 카 리 마스
	It'll take about twenty minutes on foot. 이뤌 테이커바웃 트웬티 미니츠 온풋
차로 10분 정도 걸립니다.	車(くるま)で 10分(じゅっぷん)かかります。 쿠 루 마 데 쥬 뽄 카 카 리 마스
	It's about a ten-minute drive. 이츠 어바우터 텐 미닛 쥬롸이브
박물관 가는 길을 가르쳐 주시겠습니까?	博物館(はくぶつかん)へ 行(い)く道(みち)を 教(おし)えてください。 하쿠부츠칸에 이쿠미치오 오시에테 쿠다사이
	Would you direct me to the Museum? 우쥬 뒤랙트미 투더 뮤지엄
두 블록 직진하세요.	交差点(こうさてん)を 二(ふた)つ まっすぐ 行(い)ってください。 코―사텡오 후타츠 맛스구 잇떼 쿠다사이
	Go straight for two more blocks. 고우 스뜨뤠잇 풔 투모어 블럭스

오른편에 있습니다.	**右側(みぎがわ)に あります。** 미 기 가 와 니　아 리 마 스
	You'll see it on the right. 유월 씨 이돈더 롸잇
놓치지 않을 것입니다.	**見逃(みのが)さないと 思(おも)います。** 미 노 가 사 나 이 또　오 모 이 마 스
	You can't miss it. 유 캔트 미씻
어떤 교통편을 이용해야 합니까?	**どんな 交通(こうつう)を 利用(りよう)すればいいですか。** 돈나 코–츠–오 리요–스레바 이이데스까
	What kind of transportation should I use? 왓 카인더브 츄랜스뽀테이션 슈다이 유즈
지금은 러시아워입니다.	**今(いま)は ラッシュアワーです。** 이 마 와　랏 슈 아 와 – 데 스
	It's rush-hour traffic right now. 이츠 러시아워 츄래픽 롸잇나우
지하철을 타시는 게 좋습니다.	**電車(でんしゃ)に 乗(の)った方(ほう)が いいです。** 덴 샤 니　놋 따 호 – 가　이 이 데 스
	You'd better take the subway. 유드베러 테익 더 써브웨이

2 버스

버스 정류장은 어디입니까?	バス停(てい)は どこですか。 바스테-와 도코데스까
	Where's the bus stop? 웨어즈더 버스땁
경기장 가는 버스는 어디에서 탑니까?	競技場(きょうぎじょう)に 行(い)くバスは どこから 乗(の)ればいいですか。 쿄-기죠-니 이쿠바스와 도코카라 노레바 이이데스까
	Where's the bus stop for the stadium? 웨어즈더 버스땁 풔 더 스떼이디엄
버스표는 어디에서 삽니까?	バスチケットは どこで 買(か)えますか。 바스치켓토와 도코데 카에마스까
	Where can I buy bus tickets? 웨어 캐나이 바이 버스 티키츠
몇 번 버스를 타야 합니까?	何番(なんばん)バスに 乗(の)ればいいですか。 난반바스니 노레바 이이데스까
	What number should I take? 왓 넘버 슈다이 테이크
5번 버스를 타세요.	5番(ごばん)バスに 乗(の)ってください。 고반 바스니 놋테 쿠다사이
	Please take the bus number 5. 플리이즈 테익더 버스 넘버 퐈이브

요금이 얼마입니까?	料金(りょうきん)は いくらですか。 료-킨와 이쿠라데스까
	How much is the fare? 하우머치 이즈 더 페어
동경타워까지 얼마입니까?	東京(とうきょう)タワーまで いくらですか。 토-쿄-타와마데 이쿠라데스까
	How much is the fare to Tokyo Tower? 하우머치 이즈더 페어 투 토쿄 타워
버스 요금은 후불입니까?	バス料金(りょうきん)は 後払(あとばら)いですか。 바스료-킨와 아토바라이데스까
	Do I pay later? 두아이 페일레이터
요금은 버스 안에서 냅니까?	料金(りょうきん)は バスの 中(なか)で 払(はら)いますか。 료-킨와 바스노 나카데 하라이마스까
	Do I pay on the bus? 두아이 페이 온더 버스
이 버스는 동경타워로 갑니까?	この バスは 東京(とうきょう)タワーまで 行(い)きますか。 코노 바스와 토-쿄-타와-마데 이키마스까
	Does this bus go to Tokyo Tower? 너스 디스 버스 고 투 토쿄 타워

동경타워에 가려면 어디에서 내려야 합니까?	東京(とうきょう)タワーは どこで 降(お)りれば いいですか。 토-쿄-타와-와 도코데 오리레바 이이데스까 Where should I get off to go to Tokyo Tower? 웨어 슈다이 게돕 투 고투 토쿄 타워
동경타워까지는 몇 정거장 남았습니까?	東京(とうきょう)タワーまで あと いくつですか。 토-쿄-타와-마데 아토 이쿠츠데스까 How many stops are we away from Tokyo Tower? 하우매니 스땁스 아워 어웨이 프럼 토쿄 타워
두 정거장 남았습니다.	あと、二(ふた)つです。 아토, 후타츠데스. We are two stops away. 위아 투 스땁스 어웨이
시외버스 터미널은 어디입니까?	市外(しがい)バスターミナルは どこですか。 시가이 바스타-미나루와 도코데스까 Where's the long distance bus terminal? 웨어스 덜롱 디스턴스 버스 터미널
오사카행 버스를 타고 싶습니다.	大阪(おおさか)行(ゆ)きの バスに 乗(の)りたいです。 오-사카유키노 바스니 노리타이데스 I'd like to take a bus to Osaka. 아이들라익 투 테이커 버스 투 오사카

오사카로 가는 버스는 몇 시에 출발합니까?	大阪(おおさか)行(ゆ)きの バスは 何時(なんじ)に 出発(しゅっぱつ)しますか。 오-사카유키노 바스와 난지니 슛파츠시마스까 What time does the bus for Osaka leave? 와타임 더스더 버스 풔 오사카 리이브
30분 후에 떠나는 것이 있습니다.	30分(さんじゅっぷん) 後(ご)に あります。 산쥬뿐 고니 아리마스 There's one that leaves in thirty minutes. 데어즈 원 댓 리브즈 인 써티 미니츠
다른 버스로 갈아타야 하나요?	他(ほか)の バスに 乗(の)り換(か)える 必要(ひつよう)が ありますか。 호카노 바스니 노리카에루 히츠요-가 아리마스까 Should I transfer to another bus? 슈다이 츄랜스퍼 투어너더 버스
아니오, 그것은 직행입니다.	いいえ、それは 直行便(ちょっこうびん)です。 이-에, 소레와 촛꼬우빈데스 No, it's direct. 노우 이츠 디렉트
그 버스는 얼마나 자주 있습니까?	その バスは 本数(ほんすう)は 多(おお)いですか。 소노 바스와 홍수와 오오이데스 까 How often does the bus run? 하우오쁜 너스더 버스 런

그 버스는 두 시간마다 정시에 떠납니다.	その バスは 2時間(にじかん)ごと 定時(ていじ)に 出発(しゅっぱつ)します。 소노 바스와 니지칸고토 테-지니 슛파츠시마스
	The bus leaves every 2 hours on the hour. 더 버슬리브즈 에브뤼 투 아우어스 온디 아우어
오사카행 버스는 어디에서 출발합니까?	大阪(おおさか)行(ゆ)き(ゆ)のバスは どこから 出発(しゅっぱつ)しますか。 오-사카 유키노 바스와 도코까라 슛파츠시마스까
	Where does the Chingdao-bound bus leave? 웨어 더즈 더 칭따오바운드 버슬리이브
그 버스는 7번 정류장에서 출발합니다.	その バスは 7番(ななばん)の バス停(てい)から 出発(しゅっぱつ)します。 소노 바스와 나나반노 바스테-카라 슛파츠시마스
	The bus leaves from bay 7. 더 버슬리브즈 프럼 베이 쎄븐

3 택시

택시 타는 곳은 어디입니까?	**タクシー 乗(の)リ場(ば)は どこですか。** 타크시- 노리바와 도코데스 까
	Where's the taxi stand? 웨어스더 택시 스탠드
어디까지 가십니까?	**どこまで 行(い)きますか。** 도코마데 이키마스 까
	Where do you want to go? 웨어 두유 원투 고우
양궁 경기장으로 가주세요.	**アーチェリー 競技場(きょうぎじょう)まで 行(い)ってください。** 아-체리- 쿄-기죠-마데 잇테 쿠다사이
	To the archery field. 투더 아춰리 필드
이 주소로 데려다 주시겠습니까?	**この 住所(じゅうしょ)まで 行(い)ってください。** 코노 쥬-쇼마데 잇테 쿠다사이
	Will you take me to this address? 윌류 테익미 투 디스 어쥬뤠스
(지도를 보여주며) 이곳으로 가 주세요.	**ここまで 行(い)ってください。** 코코마데 잇테 쿠다사이
	This place, please. 디스 플레이스 플리이즈

트렁크를 열어 주십시오.	**トランクを 開(あ)けて ください。** 토랑크오 아케테 쿠다사이
	Open the trunk, please. 오픈더 츄렁크 플리이즈
얼마나 걸립니까?	**どのくらい かかりますか。** 도노쿠라이 카카리마스까
	How long will it take? 하울롱 윌잇 테익
대략 15분 걸립니다.	**約(やく) 15分(じゅうごふん) かかります。** 야쿠 쥬-고훈 카카리마스
	It will take about fifteen minutes. 잇 윌 테이커바웃 핍틴 미니츠
요금은 얼마입니까?	**料金(りょうきん)は いくらですか。** 료-킨와 이쿠라데스까
	How much is the fare? 하우머치 이즈더 페어
다 왔습니다.	**もう 着(つ)きました。** 모- 츠키마시타
	We are here. 위아 히어

여기 세워주세요.	**ここで 止(と)めてください。** 코 코 데 토 메 테 쿠 다 사 이 Please stop here. 플리이즈 스땁 히어
여기서 내리겠습니다.	**ここで 降(お)ります。** 코 코 데 오 리 마 스 I'll get off here. 아이윌 겟옵 히어
요금 여기 있습니다.	**はい、料金(りょうきん)です。** 하 이, 료 - 킨 데 스 Here's the fare. 히어즈 더 페어
잔돈은 가지세요.	**お釣(つり)は いいです。** 오 츠 리 와 이 이 데 스 Keep the change. 키입 더 췌인쥐

4 지하철

가장 가까운 지하철역은 어디입니까?	一番(いちばん) 近(ちか)い 駅(えき)は どこですか。 이치반 치카이 에키와 도코데스까
	Where's the closest subway station? 웨어스더 클로시스트 서브웨이 스떼이션
어디에서 표를 삽니까?	どこで 切符(きっぷ)を 買(か)えますか。 도코데 킷푸오 카에마스까
	Where can I get a ticket? 웨 캐나이 게더 티킷
매표소는 저쪽에 있습니다.	切符(きっぷ)売(う)り場(ば)は あちらです。 킷푸 우리바와 아치라데스
	The ticket counter is over there. 더 티킷 카운터 이즈 오버데어
매표기에서 살 수 있습니다.	券売機(けんばいき)で 買(か)えます。 켄바이키데 카에마스
	You can buy a ticket from the ticket machine. 유캔 바이어 티킷 프럼더 티킷 머시인
어떤 노선이 동경타워에 갑니까?	東京(とうきょう)タワーに 行(い)くには どの電車(でんしゃ)に 乗(の)れば いいですか。 토-쿄- 타와-니 이쿠니와 도노 덴샤니 노레바 이이데스까
	Which line goes to Tokyo Tower? 위칠라인 고우즈 투 토쿄타워

어떻게 동경타 워까지 갑니 까?	東京(とうきょう)タワーまで どうやっ て 行(い)けば いいですか。 토-쿄- 타와-마데 도-얏떼 이케바 이이데스까 How do I get to Tokyo Tower? 하우두아이 겟투 토쿄타워
히비야선은 어 디에서 갈아탑 니까?	日比谷線(ひびやせん)は どこで 乗 (の)り換(か)えますか。 히비야센와 도코데 노리카에마스까 Where can I transfer to Hibiya line? 웨어 캐나이 츄랜스퍼 투 히비야라인
신주쿠역에서 갈아타야 합니 다.	新宿駅(しんじゅくえき)で 乗(の)り 換(か)えなければなりません。 신주쿠에키데 노리카에 나케레바 나리마센 You should transfer at Shinjuku station. 유슈드 츄랜스퍼 앳 신주쿠 스떼이션
신주쿠역은 얼 마나 멉니까?	新宿駅(しんじゅくえき)は どのくら い 遠(とお)いですか。 신주쿠에키와 도노쿠라이 토오이데스까 How far away is Shinjuku station? 하우파러웨이 이즈 신주쿠 스떼이션
세 정거장 떨 어져 있습니 다.	三駅目(さんえきめ)です。 상 에 키 메 데 스 It's three stops away. 이즈 쓰리 스뗍스 어웨이

⑤ 철도

매표소는 어디 입니까?	切符(きっぷ)売(う)り場(ば)は どこで すか。 킷푸 우리바와 도코데스까
	Where's the ticket counter? 웨어즈더 티킷 카운터
오사카로 가려 면 어떤 열차를 타야 합니까?	どの 電車(でんしゃ)に 乗(の)れば 大阪(おおさか)まで 行(い)けます か。 도노 덴샤니 노레바 오-사카마데 이케마스까
	Which train should I take for Osaka? 위치 츄뤠인 슈다이 테익 풔 오사카
오사카행 열차 는 몇 번 플랫 폼에서 출발합 니까?	大阪(おおさか)行(ゆ)きの 電車(で んしゃ)は 何番(なんばん)プラット ホームから 出発(しゅっぱつ)しま すか。 오-사카유키노 덴샤와 난반 플라또호-므카 라 슛파츠시마스까
	Which platform does the train for Osaka leave from? 위치 플랫폼 더즈더 츄뤠인 풔 오사카 리이브 프럼
5번 플랫폼에 서 떠납니다.	5番(ごばん)線(せん)から 出発(しゅ っぱつ)します。 고반센카라 슛파츠시마스
	It leaves from platform number 5. 잇리브스 프럼 플랫폼 넘버 퐈이브

오사카까지 얼마나 걸립니까?	大阪(おおさか)まで どのくらい かかります か。 오-사카마데 도노쿠라이 카카리마스까
	How long will it take to get to Osaka? 하울롱 윌잇 테익 투게투 오사카
열차를 갈아타야 합니까?	電車(でんしゃ)は 乗(の)り換(か)えなければならないですか。 덴샤와 노리카에 나케레바 나라나이데스까
	Should I change trains? 슈다이 췌인쥐 츄뤠인스
어디에서 갈아타야 합니까?	どこで 乗(の)り換(か)えれば いいですか。 도코데 노리카에레바 이이데스 까
	Where should I change trains? 웨어 슈다이 췌인쥐 츄뤠인스
다음 열차는 몇 시에 출발합니까?	次(つぎ)の 電車(でんしゃ)は 何時(なんじ) 出発(しゅっぱつ)ですか。 쯔기노 덴샤와 난지 숫파쯔데스까
	When does the next train leave? 웬 더즈 더 넥스츄뤠인 리이브
이 열차는 오사카행 열차입니까?	この 電車(でんしゃ)は 大阪(おおさか)行(ゆ)きですか。 코노 덴샤와 오-사카유키데스까
	Is this the train for Osaka? 이즈 디스 디 츄뤠인 풔 오사가

이 열차는 급행입니까?	この 電車(でんしゃ)は 急行(きゅうこう)ですか。 코노 덴샤와 큐-코-데스까
	Is this train an express? 이즈 디스 츄뤠인 어닉스프뤠쓰
이 열차는 급행이 아닙니다.	この 電車(でんしゃ)は 急行(きゅうこう)では ありません。 코노 덴샤와 큐-코-데와 아리마센
	This train is not an express train. 디스 츄뤠인 이즈낫 어닉스프뤠쓰 츄뤠인
자유석을 원하십니까?	自由席(じゆうせき)が いいですか。 지유-세키가 이이데스까
	Do you want a free seat? 두유 원터 프뤼 씨잇
저희는 지정석을 원합니다.	指定席(していせき)で お願(ねが)いします。 시테-세키데 오네가이시마스
	We want designated seats. 위 원트 데지그네이티드 씨이츠

PART 1

6 렌트카

이 근처에 렌트카 회사가 있습니까?	この 近(ちか)くに レンタカーの店(みせ)が ありますか。 코노 치카쿠니 렌타카-노 미세가 아리마스까 Is there a car rental company near here? 이저데어러 카 렌털 컴퍼니 니어히어
차를 빌리고 싶습니다.	車(くるま)を レンタルしたいです。 쿠루마오 렌타루시타이데스 I'd like to rent a car. 아이들라익 투 렌터 카
어떤 종류의 차를 원하십니까?	どんな 車(くるま)を お探(さが)しですか。 돈나 쿠루마오 오사가시데스까 What kind of car would you like? 왓 카인덥 카 우쥴라익
저는 소형차를 원합니다.	コンパクトカーで お願(ねが)いします。 콤파크토카-데 오네가이시마스 I'd like a compact car. 아이들라이커 컴팩트 카
저는 미니버스를 원합니다.	マイクロバスで お願(ねが)いします。 마이크로바스데 오네가이시마스 I'd like a mini bus. 아이들라이커 미니버스

한국에서 취득한 국제면허로 운전할 수 있습니까?	韓国(かんこく)で取(と)った 国際免許(こくさいめんきょ)で 運転(うんてん)できますか。 칸코쿠데 톳타 코쿠사이멘쿄데 운텐데키마스까
	Can I drive with the international license that I acquired in Korea? 캐나이 쥬라이브 윗디 인터네셔널 라이선스 대다이 어콰이어드 인 코뤼어
그 면허로는 운전할 수 없습니다.	その免許(めんきょ)では 運転(うんてん)できません。 소노멘쿄데와 운텐데키마센
	You can't drive with that license. 유캐앤트 쥬라이브 윗 댓 라이선스
렌트카와 함께 기사를 보내드립니다.	レンタカーとともに 運転手(うんてんしゅ)を 送(おく)ってあげます。 렌타카-토토모니 운텐슈오 오쿳테아게마스
	We offer rental cars with chaufeur service. 위오풔 렌트 카즈 윗 쇼오퍼 써어비스
기사 비용은 직접 지불합니까?	運転手(うんてんしゅ)の 費用(ひよう)は 別(べつ)に払(はら)いますか。 운텐슈노 히요-와 베츠니 하라이마스까
	Should I pay the fee to the chauffeur directly? 슈다이 페이더 퓌 투더 쇼퍼 뒤렉틀리

아니오. 기사 비용은 렌트비에 포함됩니다.	**いいえ、運転手(うんてんしゅ)の費用(ひよう)は レンタル料(りょう)に 含(ふく)まれています。** 이 이에, 운텐슈노 히요-와 렌타루료- 니 후쿠마레테이마스
	No. The fee is included in the rental rate. 노우 더 퓌 이진클루디드 인더 렌털 뤠잇
이 차를 3일 동안 빌리고 싶습니다.	**この 車(くるま)を 3日間(みっかかん) レンタルしたいです。** 코노 쿠루마오 밋카칸 렌타루시타이데스
	I'd like to rent this car for 3 days. 아이들라익 투 렌트 디스 카 퓌 쓰리 데이즈
요금이 얼마입니까?	**いくらですか。** 이쿠라데스까
	What's your rate? 와츠 유어 뤠잇
하루에 만엔입니다.	**一日(いちにち)に 一万円(いちまんえん)です。** 이치니치니 이치만엔데스
	It's 10,000 yen per day. 이츠 텐 싸우전드 엔 퍼 데이

거기에 연료비는 포함된 것입니까?	ガソリン代(だい)込(こ)みですか。 가소린 다이 코미데스까
	Does that include fuel costs? 더즈 댓 인클루드 퓨얼 코스츠
거기에 보험료가 들어있습니까?	保険料(ほけんりょう)込(こ)みですか。 호켄료- 코미데스까
	Does that include insurance? 더즈 댓 인클루드 인슈어런스
자동차 보험이 들어있습니다.	自動車保険(じどうしゃほけん)に 入(はい)っています。 지도-샤호켄니 하잇테이마스
	Damage insurance is included. 데미지 인슈어런스 이진클루드
사고가 나면 어떻게 해야 합니까?	事故(じこ)を 起(お)こしたら どうすれば いいですか。 지코오 오코시타라 도-스레바 이이데스까
	What should I do if I get in an accident? 왓 슈다이 두 이파이 게딘언 액씨던트
문제가 생기면 저희에게 연락해 주십시오.	問題(もんだい)が 起(お)きましたら、私(わたし)たちに 連絡(れんらく)してください。 몬다이가 오키마시타라, 와타시타치니 렌라쿠시테 쿠다사이
	Please contact us if you have troubles. 플리이즈 컨텍터스 이퓨 햅 츄러블즈

Part 5
호텔

1 체크인

체크인을 하고 싶습니다.	**チェックインしたいんです。** 첵크인 시타인데스 I'd like to check in. 아이들라익 투 체킨
예약을 하셨나요?	**ご予約(よやく) されていますか。** 고요야쿠 사레테이마스까 Did you make a reservation? 디쥬 메이커 뤠저베이션
예약을 했습니다.	**予約(よやく)しました。** 요야쿠시마시타 I made a reservation. 아이 메이더 뤠저베이션
네, 5일 동안 예약했습니다.	**はい、 ５日間(いつかかん) 予約(よやく)しました。** 하이, 이츠카칸 요야쿠시마시타 Yes, I have a reservation for five nights. 예스 아이 해버 뤠저베이션 풔 퐈이브 나이츠
성함을 말씀해 주십시오.	**お名前(なまえ)を おっしゃってください。** 오나마에오 옷샷떼 쿠다사이 May I have your name, please? 메이아이 해뷰어 네임 플리이즈

제 이름은 김동수입니다.	私(わたし)の 名前(なまえ)は 김동수 です。 와타시노 나마에와 김동수 데스
	My name is Kim, Dong-su. 마이 네이미즈 김동수
손님 방은 5층 502호입니다.	お客様(きゃくさま)の お部屋(へや)は 5階(ごかい)の 502(ごひゃくに)号室(ごうしつ)です。 오캬쿠사마노 오헤야와 고카이노 고햐쿠니 고-시츠데스
	Your room is 502 on the fifth floor. 유어 룸 이즈 퐈이브 제로 투 온더 핍츠 플로어
예약을 하지 않았습니다.	予約(よやく) してないです。 요야쿠 시테나이데스
	I don't have a reservation. 아이돈 해버 뤠저베이션
빈 방 있습니까?	空(あ)いている 部屋(べや)は ありますか。 아이테이루 헤야와 아리마스 까
	Do you have a vacancy? 두유 해버 붸이컨시
어떤 방을 원하십니까?	どんな お部屋(へや)に なさいますか。 돈나 오헤야니 나사이마스 까
	What type of room do you want? 왓 타입업 룸 두유 원트

싱글룸을 원합니다.	**シングルルームで お願(ねが)いします。** 싱구루루-므데 오네가이시마스
	I'd like a single room. 아이들라이커 싱글룸
더블룸을 원합니다.	**ダブルルームで お願(ねが)いします。** 다부루루-므데 오네가이시마스
	I'd like a double room. 아이들라이커 더블룸
조용한 방을 원합니다.	**静(しず)かな 部屋(へや)を お願(ねが)いします。** 시즈카나헤야오 오네가이시마스
	I'd like a quiet room. 아이들라이커 콰이엇 룸
전망 좋은 방을 원합니다.	**眺(なが)めが いい部屋(へや)で お願(ねが)いします。** 나가메가 이이헤야데 오네가이시마스
	I'd like a room with a view. 아이들라이커 룸 위더 뷰우
더 싼 방은 없습니까?	**もっと 安(やす)い 部屋(へや)は ないですか。** 못토 야스이 헤야와 나이데스까
	Don't you have cheaper rooms? 도운츄 해브 취입퍼 루움즈

깨끗한 방을 원합니다.	きれいな部屋(へや)で お願(ねが)いします。 키 레 이 나 헤 야 데 오 네 가 이 시 마 스 I'd like a clean room. 아이들라이커 클린 룸
얼마나 오래 머무를 예정이십니까?	何日間(なんにちかん) お泊(とま)リに なりますか。 난 니 치 칸 오 토 마 리 니 나 리 마 스 까 How long will you be staying? 하울롱 윌류 비 스떼잉
6일 밤 머무를 것입니다.	6日間(むいかかん) 泊(と)まる予定(よてい)です。 무 이 카 칸 토 마 루 요 테 이 데 스 We'd like to stay for six nights. 위들라잌 투 스떼이 풔 씩스 나이츠
방이 몇 개 필요하십니까?	部屋(へや)は いくつ 必要(ひつよう)ですか。 헤 야 와 이 쿠 츠 히 츠 요 - 데 스 까 How many rooms do you need? 하우메니 루움스 두 유 니이드
3명이 함께 묵을 방을 원합니다.	3人(さんにん)が 一緒(いっしょ)に 泊(と)まれる 部屋(へや)を お願(ねが)いします。 산 닌 가 잇 쇼 니 토 마 레 루 헤 야 오 오 네 가 이 시 마 스 We'll need a room for three people. 위윌 니더 룸 풔 쓰리 피플

PART 5 호텔

숙박료가 얼마입니까?	部屋代(へやだい)は いくらですか。 헤야다이와 이쿠라데스까 What's the rate? 와츠 더 뤠잇
그 방은 1박에 얼마입니까?	その 部屋(へや)は 1泊(いっぱく)いくらですか。 소노 헤야와 잇파쿠 이쿠라데스까 How much is the room per night? 하우 머치즈 더 룸 퍼 나잇
1박에 만엔입니다.	1泊(いっぱく) 1万円(いちまんえん)です。 잇파쿠 이치만엔데스 It's 1,000 yen wian per night. 이츠 텐 싸우전드 엔 퍼 나잇
숙박료에 아침식사가 포함됩니까?	朝食(ちょうしょく)込(こ)みの 料金(りょうきん)ですか。 쵸-쇼쿠코미노 료-킨데스까 Does the rate include breakfast? 더즈 더 뤠잇 인클루드 브렉퍼스트
아침식사는 숙박료에 포함됩니다.	朝食(ちょうしょく)込(こ)みの 料金(りょうきん)です。 쵸-쇼쿠코미노 료-킨데스 Breakfast is included in the rate. 브렉퍼스트 이즈인클루디드 인 더 뤠잇

104

그 방으로 하겠습니다.	**その 部屋(へや)に します。** 소노 헤야니 시마스
	I'll take the room. 아일 테익 더 룸
이 서류를 작성해주세요.	**この カードに ご記入(きにゅう)ください。** 코노 카-도오 고키뉴- 쿠다사이
	Fill out this form, please. 피얼아웃 디스 풔엄 플리이즈
여기 열쇠 있습니다.	**これが 部屋(へや)の 鍵(かぎ)です。** 코레가 헤야노 카기데스
	Here's your key. 히어즈 유어 키
513호에 묵게 되십니다.	**513(ごひゃくじゅうさん) 号室(ごうしつ)です。** 고햐쿠쥬-산 고-시츠데스
	You are in room 513. 유아 인 룸 퐈이브 원 쓰리
이 가방들을 제 방까지 운반해주세요.	**この 鞄(かばん)を 部屋(へや)まで 運(はこ)んで もらえますか。** 코노 카방오 헤야마데 하콘데 모라에마스까
	Please bring these bags to my room. 플리즈 브링 디이즈 백스 마이 룸

죄송합니다만, 빈 방이 없습니다.	すみませんが、空(あ)いている 部屋(べや)が ありません。
	스미마셍가, 아이테이루 헤야가 아리마셍
	Sorry, we have no vacancies.
	쏘오리 위 해브 노우 베이컨시즈
다른 호텔을 추천해주세요.	他(ほか)の ホテルを ご案内(あんない)してください。
	호카노 호테루오 고안나이시테 쿠다사이
	Please recommend another hotel.
	플리이즈 뤠커멘드 어너더 호텔

2 | 객실 이용

카드키 이용 방법을 가르쳐 주세요.	カードの 使(つか)い方(かた)を 教(おし)えてください。 카-도노 츠카이카타오 오시에테 쿠다사이 Please tell me how to use the card key. 플리이즈 텔미 하우투 유즈 더 카드키
더운 물이 안 나옵니다.	お湯(ゆ)が 出(で)ないです。 오유가 데나이데스 I can't get hot water. 아이 캔트 겟 핫 워터
욕실에 수건이 [비누가] 없습니다.	浴室(よくしつ)に タオル[石(せっ)けん]が ありません。 요쿠시츠니 타오루 [셋켄] 가 아리마센 There's no towel[soap] in the bathroom. 데어즈 노우 타월[쏘웁] 인 더 베쓰룸
변기의 물이 내려가지 않습니다.	トイレの 水(みず)が 流(なが)れません。 토이레노 미즈가 나가레마센 The toilet doesn't flush. 더 토일릿 더즌 플러쉬
변기의 물이 멈추지 않습니다.	トイレの 水(みず)が 止(と)まらないです。 토이레노 미즈가 토마라나이데스 The toilet doesn't stop flushing. 더 토일릿 더슨 스땁 플러싱

에어컨이 작동 되지 않습니 다.	**エアコンが 作動(さどう)しないです。** 에 아 콘 가 사 도 - 시 나 이 데 스
	The air conditioner doesn't work. 디 에어컨디셔너 더즌 워억
너무 더워요.	**とても 暑(あつ)いです。** 토 테 모 아 츠 이 데 스
	It's too hot. 이츠 투 핫
너무 추워요.	**とても 寒(さむ)いです。** 토 테 모 사 무 이 데 스
	It's too cold. 이츠 투 코울드
다른 방으로 바 꾸고 싶습니다.	**他(ほか)の 部屋(へや)に 代(か)えた いです。** 호 카 노 헤 야 니 카 에 타 이 데 스
	I'd like to change the room. 아이들라익 투 췌인쥐 더 룸

3 프런트 이용

룸서비스가 됩니까?	**ルームサービス できますか。** 루-므사-비스 데키마스까
	Can I order room service? 캐나이 오더 룸써비스
여보세요, 여기는 216호입니다.	**もしもし、こちらは 216(にひゃくじゅうろく)号室(ごうしつ)です。** 모시모시, 코치라와 니햐쿠 쥬-로쿠 고-시츠데스
	Hello, this is room two one six. 헬로우 디시즈 룸 투 원 씩스
샌드위치 두 개와 커피 두 잔 보내 주십시오.	**サンドイッチ 二(ふた)つと コーヒー 2杯(にはい)ください。** 산도잇치 후타츠또 코-히- 니하이 쿠다사이
	Bring us two sandwiches and two cups of coffee. 브링어스 투 샌드위치즈 앤 투 컵썹 커퓌
주문한 식사가 아직 오지 않았습니다.	**注文(ちゅうもん)した 食事(しょくじ)が まだ 来(こ)ないです。** 츄-몬 시타 쇼쿠지가 마다 코나이데스
	The meal I ordered wasn't being delivered. 더 미얼 아이 오뭐드 워즌트 비잉 뒬리붜드

열쇠를 방 안에 두고 나왔어요.	**鍵(かぎ)を 部屋(へや)の 中(なか)に 置(お)いたまま 出(で)て しまいました。** 카기오 헤야노나카니 오이따마마 데테 시마이마시타
	I left the key in my room. 아일래프트 더 키 인마이 룸
내일 아침 7시에 모닝콜을 부탁합니다.	**明日(あした)の 朝(あさ) 7時(しちじ)に 起(お)こしてください。** 아시타노 아사 시치지니 오코시테 쿠다사이
	I'd like a wake-up call at seven tomorrow morning. 아이들라이커 웨이컵 콜 앳 세븐 터모로우 모닝
515호로 연결해주세요.	**515(ごひゃくじゅうご) 号室(ごうしつ)に つないでください。** 고햐쿠 쥬－고 고－시츠니 츠나이데 쿠다사이
	Please connect me to room 515. 플리이즈 커넥트미 투 룸 파이브 원 파이브
택시를 불러 주시겠습니까?	**タクシーを 呼(よ)んで もらえますか。** 타크시－오 욘데 모라에마스 까
	Can you call a taxi for me? 캐뉴 콜 어 택시 풔미
벨보이를 올려 보내 주시겠습니까?	**ベルボーイを よんで もらえますか。** 베루보－이오 욘데 모라에마스 까
	Can you send a bellboy up? 캐뉴 쎈더 벨보이 업

국제전화는 어떻게 걸면 됩니까?	国際電話(こくさいでんわ)は どうやって かけますか。 코쿠사이덴와와 도-얏테 카케마스까
	How do I make an international call? 하우 두아이 메이컨 인터내셔널 콜
방을 청소해 주세요.	部屋(へや)の 掃除(そうじ) お願(ねが)いします。 헤야노 소-지 오네가이시마스
	I need my room to be cleaned. 아이 니드 마이 룸 클리인드
어떻게 세탁 서비스를 받을 수 있습니까?	クリーニングサービスを 受(う)けることが できますか。크리-닝구사-비스오 우케루코토가 데키마스까
	How can I get laundry service? 하우 캐나이 겟 론더리 써비스
빨랫감은 문 옆의 용기에 넣어두세요.	洗濯物(せんたくもの)は ドアの横(よこ)の 容器(ようき)に 入(い)れてください。 센타쿠모노와 도아노 요코노 요-키니 이레테 쿠다사이
	Place your laundry in the container next to the door. 플레이스 유얼론더리 인더 컨테이너 넥스투 더 도어
귀중품을 맡아 주시겠습니까?	貴重品(きちょうひん)を 預(あず)かって もらえますか。 키쵸-힝오 아즈캇테 모라에마스까
	Could you keep my valuables for me? 쿠쥬 키입 마이 밸류어블즈 풔 미

이 도시의 지도를 얻을 수 있습니까?	この 都市(とし)の 地図(ちず)は どこで 手(て)に 入(はい)りますか。 코노 토시노 치즈와 도코데 테니 하이리마스까
	Can I get a map of this city? 캐나이 게더 맵옵 디씨티
식당은 어디에 있습니까?	食堂(しょくどう)は どこに ありますか。 쇼쿠도-와 도코니 아리마스까
	Where's the restaurant? 웨어즈 더 뤠스또런트
315호에 청구해주세요.	315(さんびゃくじゅうご) 号室(ごうしつ)に 請求(せいきゅう)してください。 삼뱌쿠 쥬-고 고-시츠니 세-큐-시테 쿠다사이
	Please add the bill to room 315 플리이즈 애더 비얼 투 룸 쓰리 원 파이브
하루 더 머무르고 싶습니다.	もう 一泊(いっぱく) 泊(と)まりたいです。 모-잇파쿠 토마리타이데스
	I'd like to stay one more night. 아이들라익 투 스떼이 원 모어 나잇
하루 일찍 나가겠습니다.	一日(いちにち) 早(はや)く チェックアウトしたいです。 이치니치 하야쿠 첵크아우토 시타이데스
	I'd like to leave one day earlier. 아이들라익 툴리브 원 데이 어얼리어

4　체크아웃

체크아웃 하겠습니다.	**チェックアウトしたいです。** 첵 크 아 우 토　시 타 이 데 스 I'd like to check out. 아이들라익 투 체카웃
계산을 하고 싶습니다.	**お会計(かいけい)　お願(ねが)いします。** 오 카 이 케 －　오 네 가 이 시 마 스 I'd like to settle the bill. 아이들라익 투 쎄틀 더 비얼
카드로 계산 하시겠습니까?	**カードで　なさいますか。** 카 － 도 데　나 사 이 마 스 까 Would you like to put that on your card? 우쥴라익 투 풋 댓 온뉴어 카드
카드로 하겠습니다.	**カードで　お願(ねが)いします。** 카 － 도 데　오 네 가 이 시 마 스 I'd like to put this on my card. 아이들라익 투 풋 디스 온 마이 카드
현금으로 지불하겠습니다.	**現金(げんきん)で　お願(ねが)いします。** 겐 킨 데　오 네 가 이 시 마 스 I'd like to pay for this in cash. 아이들라익 투 페이 풔 디스 인 캐쉬

계산이 틀린 것 같습니다.	**お会計(かいけい)が 間違(まちが)っているようです。** 오 카 이 케 - 가 마 치 갓 테 이 루 요 - 데 스
	I think there's something wrong with the bill. 아이씽크 데어즈 썸씽 뤄엉 윗더 비얼
이것은 무엇에 대한 청구인가요?	**この 請求(せいきゅう)は 何(なん)ですか。** 코 노 세 - 큐 - 와 난 데 스 까
	What's this charge for? 와츠 디스 촤쥐 풔
냉장고의 맥주를 마시지 않았습니다.	**冷蔵庫(れいぞうこ)の ビールは 飲(の)まなかったです。** 레 이 죠 - 코 노 비 - 루 와 노 마 나 캇 타 데 스
	I didn't drink the beer in the refrigerator. 아이디든 쥬륑크 더 비어 인더 뤠프뤼저뤠이터
이 가방을 3시간 정도 맡아 주십시오.	**この 鞄(かばん)を 3時間(さんじかん)ぐらい 預(あず)かってください。** 코 노 카 방 오 산 지 칸 구 라 이 아 즈 캇 테 쿠 다 사 이
	Please keep this bag for about three hours. 플리이즈 키입 디스 백 풔러바웃 쓰리 아우어즈

Part 6
식사

배가 고프군요.	**お腹(なか)が 空(す)きましたね。** 오 나 카 가 스 키 마 시 타 네
	I'm hungry. 아임 헝그리
뭐 좀 먹을까요?	**何(なに)か 食(た)べましょうか。** 나 니 카 타 베 마 쇼 – 까
	Shall we eat something? 쉘위 이잇 썸씽
일식이 어때요?	**和食(わしょく)は いかがですか。** 와 쇼 쿠 와 이 카 가 데 스 까
	How about Japanese food? 하우어바웃 재패니스 푸드
나는 좋아요.	**私(わたし)は いいですよ。** 와 타 시 와 이 이 데 스 요
	I don't mind. 아이돈 마인드
나는 음식에 까다롭지 않아요.	**私(わたし)は 何(なん)でも 構(かま)いません。** 와 타 시 와 난 데 모 카 마 이 마 센
	I'm not picky about food. 아임낫 피키 어바웃 푸드

한식[중식/양식]을 먹고 싶습니다.	韓国料理(かんこくりょうり)[中華料理(ちゅうかりょうり)／洋食(ようしょく)]を 食(た)べたいです。 칸코쿠료-리[츄-카료-리/요-쇼쿠]오 타베타이데스
	I'd like Korean food[Chinese food / Western food]. 아이들라익 코리언 푸드[차이니스 푸드/웨스턴 푸드]
내가 점심 살게요.	昼食(ちゅうしょく)は 私(わたし)が ごちそうします。 츄-쇼쿠와 와타시가 고치소-시마스
	I'll treat you to lunch. 아일 츄리잇츄 툴런치
이 근처에 한국 음식점이 있습니까?	この 近(ちか)くに 韓国料理(かんこくりょうり)の店(みせ)は ありますか。 코노 치카쿠니 칸코쿠료-리노 미세와 아리마스까
	Is there a Korean restaurant around here? 이즈데어러 코리언 뤠스또런트 어라운드 히어
저녁 7시로 예약하고 싶습니다.	午後(ごご) 7時(しちじ)に 予約(よやく)したいんですが。 고고 시치지니 요야쿠시타잉데스가
	I'd like to make a reservation for dinner at 7. 아이들라익 투 메이커 뤠저베이션 풔 디너 앳 쎄븐
일행이 몇 분이십니까?	何名様(なんめいさま)ですか。 난메이사마데스까
	How many are in your party? 하우매니 아 인뉴어 파티

3명입니다.	3(さん)名(めい)です. 산 메 이 데 스
	There are three of us. 데어러 쓰리 오버스
정장을 해야 합니까?	正装(せいそう)しなければならないですか. 세 이 소 - 시 나 케 레 바 나 라 나 이 데 스 까
	Should I dress up? 슈다이 쥬뤠쓰업
정장하실 필요 없습니다.	正装(せいそう)しなくてもいいです. 세 이 소 - 시 나 쿠 테 모 이 이 데 스
	You don't have to dress up. 유돈 햅터 쥬뤠쓰업

2 식당에서

예약 하셨습니까?	**ご予約(よやく)されていますか。** 고 요 야 쿠 사 레 테 이 마 스 까
	Do you have a reservation? 두유 해버 뤠저베이션
8시로 예약했습니다.	**8(はち)時(じ)に 予約(よやく)しました。** 하 치 지 니 요 야 쿠 시 마 시 타
	We have a reservation for 8 o'clock. 위 해버 뤠저베이션 풔 에잇 어클락
우리는 예약하지 않았습니다.	**予約(よやく)してないです。** 요 야 쿠 시 테 나 이 데 스
	We don't have a reservation. 위돈 해버 뤠저베이션
5명이 앉을 자리가 있습니까?	**5(ご)人(にん)が 座(すわ)れる 席(せき)は あります か。** 고 닌 가 스 와 레 루 세 키 와 아 리 마 스 까
	Do you have a table for 5 people? 두유 해버 테이블 풔 파이브 피플
죄송합니다만 지금 자리가 다 찼습니다.	**すみませんが、今(いま)は 満席(まんせき)です。** 스 미 마 센 가 이 마 와 만 세 키 데 스
	I'm sorry, but the seats are full right now. 아임 쏘리 벗 더 씨이즈아 쑤울 롸잇 나우

잠깐만 기다리십시오.	**少々(しょうしょう) お待(ま)ちください。** 쇼-쇼- 오마치 쿠다사이 Please wait a moment. 플리이즈 웨이러 모우먼트
얼마나 기다려야 합니까?	**どのくらい 待(ま)ちますか。** 도노쿠라이 마치마스까 How long is the wait? 하울롱 이즈더 웨잇
약 30분 정도입니다.	**30分(さんじゅっぷん)ぐらいです。** 산쥬푼 구라이데스 It will be about thirty minutes. 이들비 어바웃 써어티 미니츠
흡연석을 원하시나요, 아니면 금연석을 원하시나요?	**禁煙席(きんえんせき)と 喫煙席(きつえんせき)と どちらが よろしいですか。** 킨엔세키또 키츠엔세키또 도치라가 요로시이데스까 Would you like smoking or non-smoking? 우쥴라익 스모우킹 오어 넌스모우킹
금연석을 원합니다.	**禁煙席(きんえんせき)で お願(ねが)いします。** 킨엔세키데 오네가이시마스 We'd like non-smoking. 위들라익 넌스모우킹

여기에 앉아도 될까요?	ここに 座(すわ)っても いいですか。
	코코니 스왓테모 이이데스 까
	May we sit here?
	메이위 씻 히어
손님의 테이블이 준비되었습니다.	お客様(きゃくさま)の テーブルが 準備(じゅんび) できました。
	오카쿠사마노 테-부루가 준비데키마시타
	Your table is ready.
	유어 테이블 이즈 뤠디
저를 따라오세요.	こちらへどうぞ。
	코치라에 도-죠
	Please follow me.
	플리이즈 팔로우 미
주문하시겠습니까?	お決(き)まりでしょうか。
	오 키 마 리 데 쇼 - 까
	May I take your order?
	메이아이 테이큐어 오더
아직 정하지 못했습니다.	まだ 決(き)まっていません。
	마다 키 맛 떼 이 마 센
	We haven't decided yet.
	위 해븐 디싸이디드 옛

메뉴를 좀 보여 주시겠어요?	メニューを 見(み)せて もらえますか。 메뉴오 미세테 모라에마스까 Can we get the menu, please? 캐뉘 겟더 메뉴 플리이즈
전통 음식을 추천해 주시겠습니까?	伝統的(でんとうてき)な 料理(りょうり)で お勧(すす)めは ありますか。 덴토-테키나 료-리데 오스스메와 아리마스까 Could you recommend traditional dishes? 쿠쥬 뤠커멘드 츄뤄디셔널 디쉬스
한국어로 된 메뉴가 있습니까?	韓国語(かんこくご)の メニューが あります か。 칸코쿠고노 메뉴가 아리마스까 Do you have a menu in Korean? 두유 해버 메뉴 인 코뤼언
이건 어떤 요리입니까?	これは どんな お料理(りょうり)ですか。 코레와 돈나 오료-리데스까 What kind of dish is this? 왓 카인덥 디쉬 이즈 디스
여기서 무엇이 좋습니까?	この 中(なか)で 何(なに)が お勧(すす)め ですか。 코노 나카데 나니가 오스스메데스까 What's good here? 와츠 굳 히어

야끼소바와 오코노미야끼를 추천합니다.	焼(や)きそばと お好(この)み焼(や)きが お勧(すす)めです。 야 키 소 바 또　오 코 노 미 야 키 가　오 스 스 메 데 스
	I recommend the yaki-soba and okonomi-yaki. 아이 뤠커멘더 야키소바 앤 오코노미야키
야끼소바를 원합니다.	焼(や)きそばを お願(ねが)いします。 야 키 소 바 오　오 네 가 이 시 마 스
	I'd like the yaki-soba. 아이들라익 더 야키소바
스테이크를 어떻게 해드릴까요?	ステーキの 焼(や)き加減(かげん)は どうなさいますか。 스 테 - 키 노　야 키 카 겐 와　도 - 나 사 이 마 스 까
	How would you like your steak? 하우 우쥴라이큐어 스떼익
많이[중간 정도/살짝] 익혀 주세요.	ウェルダン[ミディアム/レア]で お願(ねが)いします。 웰 단 [미 디 암 / 레 아] 데　오 네 가 이 시 마 스
	Well-done[Medium/Rare], please. 웰던[미디엄/레어] 플리즈
이 지방 특선 요리를 먹고 싶습니다.	郷土料理(きょうどりょうり)が 食べたいです。 쿄 - 도 료 - 리 가　타 베 따 이 데 스
	I'd like the local special dishes. 아이들라익 덜로컬 스페셜 니쉬즈

오코노미 야끼를 먹겠습니다.	**お好(この)み焼(や)きをください。** 오코노미 야끼오 쿠다사이 I'll have a okonomi-yaki 아윌 해버 오코노미야끼
오늘의 특별요리는 무엇입니까?	**今日(きょう)の お勧(すす)めは 何(なん)ですか。** 쿄-노 오스스메와 난데스까 What's today's special? 와츠 투데이즈 스페셜
오늘밤 특별요리는 바다가재구이입니다.	**今晩(こんばん)の お勧(すす)めは イセエビ焼(や)きです。** 콤방노 오스스메와 이세에비 야끼데스 Our special tonight is the grilled lobster. 아우어 스페셜 투나잇 이즈더 그뤼얼들랍스터
오늘의 특선요리는 회입니다.	**今日(きょう)の お勧(すす)めは 刺身(さしみ)です。** 쿄-노 오스스메와 사시미데스 Today's special is the sashimi. 투데이즈 스페셜리즈 더 사시미
이것을 먹겠어요.	**これを お願(ねが)いします。** 코레오 오네가이시마스 I will have this. 아이윌 해브 디스

군만두 한 접시 주세요.	焼(や)き餃子(ぎょうざ) 一皿(ひとさら) お願(ねが)いします。
	야 키 교−자 히토사라 오네가이시마스
	I'd like a dish of fried dumplings.
	아이들라이커 디쉬 업 프라이드 덤플링즈

주문을 취소해 주시겠습니까?	注文(ちゅうもん)を キャンセルできますか。
	츄−몬 오 칸셀 데키마스 까
	Could you please cancel my order?
	쿠쥬 플리즈 캔설 마이 오더

주문을 바꿀 수 있나요?	注文(ちゅうもん)を 変(か)えられますか。
	츄−몬 오 카에라레마스 까
	Can I change my order?
	캐나이 췌인쥐 마이 오더

제가 주문한 것이 아직 나오지 않았습니다.	注文(ちゅうもん)したものが まだ 来(こ)ないんですが。
	츄−몬시타 모노가 마다 코나인데스가
	My order didn't come yet.
	마이 오더 디든 컴 옛

이것은 제가 주문한 것이 아닙니다.	これは 私(わたし)が 注文(ちゅうもん)したものでは ありません。
	코레와 와타시가 츄−몬시타 모노데와 아리마센
	This isn't my order.
	디스이즌트 마이 오더

포크를 떨어뜨렸어요. 새로 하나 갖다 주시겠어요?	フォークを 落(お)としましたので、新(あたら)しいものを もらえますか。 훠ー크오 오토시마시노데 아타라시이모노오 모라에마스까 I dropped my fork. Can you bring me another one? 아이 드랍트 마이 포오크 캐뉴 브링 미 어너더 원
수프에 벌레가 있는 것 같아요.	スープの 中(なか)に 虫(むし)が 入(はい)っている みたいです。 스ー푸노 나카니 무시가 하잇테이루 미타이데스 I think there's a bug in my soup. 아이 씽크 데어즈어 버그 인 마이 수웁
음식이 차가워요. 데워주시겠어요?	食(た)べ物(もの)が 冷(つめ)たいです。 温(あたた)めて もらえますか。 타베모노가 츠메타이데스. 아타타메테 모라에마스까 This food is cold. Can you warm it up? 디스 푸드 이즈 코울드 캐뉴 워엄 이덥
음식에 뭔가 이상한 것이 들어 있어요.	食(た)べ物(もの)に 何(なに)か 変(へん)な 物(もの)が 入(はい)っています。 타베모노니 나니카 헨나모노가 하잇테이마스 There's something strange in my food. 데어즈 썸씽 스뜨레인지 인마이 푸드
이것은 맛이 이상해요.	これは 味(あじ)が おかしいです。 코레와 아지가 오카시이데스 This tastes strange. 디스 테이스츠 스뜨레인지

너무 짜요.	**とても しょっぱいです。** 토테모 숏파이데스 It's too salty. 이츠 투 쏠티
너무 싱거워요.	**味(あじ)が 薄(うす)いです。** 아지가 우스이데스 It's too bland. 이츠 투 블랜드
너무 매워요.	**とても 辛(から)いです。** 토테모 카라이데스 It's too hot. 이츠 투 핫
소금 좀 건네 주시겠어요?	**塩(しお)を ください。** 시오오 쿠다사이 Could you pass me the salt? 쿠쥬 패스 미더 쏠트
소금[간장/고춧 가루]을(를) 좀 넣으세요.	**塩(しお)[醤油(しょうゆ)／七味(しちみ)]を 入(い)れて ください。** 시오[쇼-유／시치미]오 이레테 쿠다사이 Please put on a little bit of salt[soy sauce / powdered red pepper]. 플리즈 푸돈 얼리를비돕 쏠트[쏘이소스 / 파우더드 뤠드페퍼]

디저트로 무엇을 드시겠습니까?	**デザートは 何(なに)に なさいますか。** 데쟈-토 와 나니니 나사이마스 까 What would you like for dessert? 왓 우쥴라잌 풔 디저어트
커피 한 잔 주세요.	**コーヒー 一杯(いっぱい) ください。** 코-히- 잇빠이 쿠다사이 A cup of coffee, please. 어 커법 커피 플리이즈
애플파이 한 조각 주세요.	**アップルパイを 一切(ひとき)れください。** 앗푸루파이오 히토키레 쿠다사이 A slice of apple pie, please. 어 슬라이섭 애플파이 플리이즈
그것을 데워드릴까요?	**それを 温(あたた)めますか。** 소레오 아타타메마스 까 Would you like that heated? 우쥴라잌 댓 히이티드
그렇게 해주세요.	**はい、お願(ねが)いします。** 하이, 오네가이시마스 Yes, please. 예스 플리이즈

3 주점에서

오늘밤 한 잔 합시다.	今晩(こんばん)、一杯(いっぱい) いかがで すか。 콘방, 잇파이 이카가데스까
	Let's have a drink tonight. 을래츠 해버 쥬링크 투나잇
좋은 생각이에요.	いいですね。 이이데스네
	That's a good idea. 대처 구다이디어
이 테이블에 앉아도 됩니까?	この テーブルに 座(すわ)っても いいです か。 코노 테-부루니 스왓테모 이이데스까
	May we take this table? 에이 위테익 디스 테이블
청주(일본술) 1 병 주세요.	日本酒(にほんしゅ) 一本(いっぽん)ください。 니혼슈 잇폰 쿠다사이
	A bottle of sake please. 어 바들업 사케 플리이즈
시원한 맥주 3잔 주세요.	冷(ひ)えた ジョッキ 3(さん)杯(ばい)ください。 히에타 좃끼 산바이 쿠다사이
	Three glasses of cold beer. 쓰리 글래씨즈 업 코울느 비어

위스키[칵테일] 한 잔 마실게요.	**ウイスキー[カクテル]を 一杯(いっぱい) 飲(の)みます。** 우이스키-[카크테-루]오 잇파이 노미마스
	I'll have a shot of whiskey[cocktail]. 아이윌 해버 샷 업 위스키[칵테일]
저도 같은 걸로 주세요.	**私(わたし)も 同(おな)じ ものをください。** 와타시모 오나지 모노오 쿠다사이
	Same thing, please. 쎄임 씽 플리이즈
강하게[약하게] 해주세요.	**ストレート[水割(みずわ)り]に してください。** 스토레-토[미즈와리]니 시테쿠다사이
	Make it strong[weak]. 메이킷 스뜨로옹[위익].
안주로는 뭘 원하십니까?	**おつまみは 何(なに)に なさいますか。** 오츠마미와 나니니 나사이마스까
	What kind of side dishes would you like? 왓카인덥 싸이디쉬스 우쥴라익
치킨 주십시오.	**唐揚(からあ)げください。** 카라아게 쿠다사이
	chicken, please. 취큰 플리이즈

타꼬야끼 주세요.	**たこ焼(や)きください。** 타꼬야키 쿠다사이 Takoyaki, please. 타꼬야키 플리이즈
건배 합시다.	**乾杯(かんぱい) しましょう。** 칸빠이 시마쇼- Let's make a toast. 을래츠 메이커 토우스트
건배!	**乾杯(かんぱい)！** 칸빠이 Cheers! / Bottoms up! 치어즈 / 바틈즈업
우리의 건강을 위하여!	**私(わたし)たちの 健康(けんこう)を 祈(いの)って、乾杯(かんぱい)！** 와타시타치노 켄코-오 이놋떼, 칸빠이 Here's to our health! 히어즈 투 아우어 헬츠
맥주 한 잔 더 주세요.	**ジョッキ もう一杯(いっぱい)ください。** 좃끼 모-잇빠이 쿠다사이 One more glass of beer, please. 원모어 글래스업 비어 플리이즈

한 잔 더 어때요?	もう 一杯(いっぱい) いかがですか。 모- 잇빠이 이카가데스까
	How about one more drink? 하우 어바웃 원모어 쥬륑크
아뇨, 전 취했어요.	いいえ、私(わたし)は もう 酔(よ)いました。 이이에, 와타시와 모- 요이마시타
	No, I'm drunk! 노우 아임 쥬렁크

4 패스트푸드점

다음 손님!	**次(つぎ)の お客様(きゃくさま)、どうぞ。** 츠기노 오캬쿠사마, 도우조 Next, please! 넥스트 플리이즈
치즈버거 하나와 콜라 주세요.	**チーズバーガーと コーラ ください。** 치-즈바-가-또 코-라 쿠다사이 I'd like a cheeseburger and a coke. 아이들라이커 치즈버거 앤더 코욱
닭고기와 감자 칩을 먹겠어요.	**鶏肉(とりにく)と ポテトを お願(ねが)いします。** 토리니쿠또 포테토오 오네가이시마스 I'll have the chicken and potato chips. 아이윌 해브더 취큰 앤 포테이토우 칩쓰
다른 것을 더 원하시나요?	**他(ほか)に 何(なに)か ご注文(ちゅうもん)されますか。** 호카니 나니까 고츄-몬 사레마스까 Would you like anything else? 우쥴라익 애니씽 엘스
3번 세트로 할게요.	**3(さん)番(ばん)セットに します。** 삼방셋토니 시마스 I'll have the number three set, please. 아이윌 해브더 넘버 쓰리 쎄트 플리이즈

여기서 드실 건가요, 아니면 가져가실 건가요?	**店内(てんない)で 召(め)し上(あ)がりますか、テイクアウトされますか。** 텐나이데 메시아가리마스까, 테이크아우토 사레마스까 For here or to go? 풔 히어로어 투 고우
여기서 먹을 건데요.	**店内(てんない)で 食(た)べます。** 텐나이데 타베마스 For here, please. 풔 히어 플리이즈
가져갈 거예요.	**テイクアウトで お願(なが)いします。** 테이크아우토데 오네가이시마스 I'll take it with me. 아이윌 테이킷 윗미
콜라는 무료로 리필해 주나요?	**コーラの お代(か)わりは できますか。** 코-라노 오카와리와 데키마스까 Do you give free refills on coke? 두유 기브 프뤼 뤼피일즈 온 코욱
케첩을 더 주시겠습니까?	**ケチャップ もう ちょっと もらえますか。** 케챠푸 모- 쫏또 모라에마스까 Could you give me some extra ketchup? 쿠쥬 깁미 썸 엑스뜨뤄 케첩

빨대는 어디에 있습니까?	**ストローは どこに ありますか。** 스토로-와 도코니 아리마스까 Where do I get straws? 웨어두 아이 겟 스뜨로스
우리가 미리 지불해야 합니까?	**先(さき)払(ばら)いですか。** 사키바라이 데스까 Should we pay in advance? 슈뒤 페이 인 어드벤스

5 계산하기

계산서 좀 주실래요?	**お会計(かいけい) お願(ねが)いします。** 오 카 이 케 – 오 네 가 이 시 마 스
	Could I get the bill, please? 쿠다이 겟더 비얼 플리이즈
세금이 붙나요?	**消費税(しょうひぜい) 込(こ)みですか。** 쇼 – 히 제 이 코 미 데 스 까
	Is the tax included? 이즈더 택스 인클루디드
전부 얼마죠?	**全部(ぜんぶ)で いくらですか。** 젠 부 데 이 쿠 라 데 스 까
	What is the total? 왓 이즈더 토우털
여기서 계산하나요?	**ここで 支払(しはら)いますか。** 코 코 데 시 하 라 이 마 스 까
	Shall I pay here? 쉘아이 페이 히어
계산대에서 지불하시면 됩니다.	**カウンターで お支払(しはら)い お願(ねが)いします。** 카 운 타 – 데 오 시 하 라 이 오 네 가 이 시 마 스
	You can pay at the cash counter. 유캔 페이 앳 더 캐쉬 카운터

내가 살게요.	**私(わたし)が おごります。** 와타시가 오고리마스
	It's my treat. 이츠 마이 츄뤼잇
각자 냅시다.	**割(わ)り勘(かん)に しましょう。** 와리칸니 시마쇼-
	Let's split the bill. 을레츠 스쁠릿 더 비얼
저번에 당신이 냈잖아요.	**前回(ぜんかい)、あなたが 払(はら)ったじゃないですか。** 젠카이, 아나타가 하랏타쟈나이데스까
	You paid last time. 유 페이들래스타임
제 몫은 제가 낼게요.	**私(わたし)の 分(ぶん)は 私(わたし)が 払(はら)います。** 와타시노 분와 와타시가 하라이마스
	I'll pay my share. 아일 페이 마이 쉐어
계산이 잘못됐 어요.	**お会計(かいけい)が 間違(まちが)っています。** 오카이케-가 마치갓테 이마스
	I think there's a mistake on the bill. 아이 씽크 데어즈어 미스떼이 온더 비얼

이 신용 카드 받습니까?	**カードで 支払(しはら)いが できますか。** 카-도데 시하라이가 데키마스까 Do you take this credit card? 두유 테익 디스 크뤠딧 카드
물론이죠, 여기에 서명해주세요.	**もちろんです。ここに サイン お願(ねが)いします。** 모치론데스 코코니 사인 오네가이시마스 Sure. Sign here, please. 슈어 싸인히어 플리이즈
거스름돈 여기 있습니다.	**おつりです。** 오츠리데스 Here's the change. 히어즈더 췌인쥐
맛있게 먹었습니다.	**ごちそうさまでした。** 고치소-사마데시타 I enjoyed my meal. 아이 인조이드 마이 미얼

Part 7
쇼핑

1 매장 찾기

이 근처에 백화점이 있습니까?	この 近(ちか)くに デパートが ありますか。 코노 치카쿠니 데파-토가 아리마스까
	Is there a department store around here? 이즈 데어러 디파어트먼트 스또어 어라운드 히어
곧장 내려가시다 모퉁이에서 오른쪽으로 가세요.	まっすぐ 行(い)って、 そこの 角(かど)で 右(みぎ)に 曲(ま)がってください。 맛스구 잇테, 소코노 카도데 미기니 마갓테 쿠다사이
	Go straight down and turn right at the corner. 고우 스트레잇 다운 앤 터언 롸잇 앳더 코오너
여성 의류 매장은 몇 층에 있습니까?	婦人服(ふじんふく) コーナーは 何階(なんかい)ですか。 후진후쿠 코-나-와 난카이데스까
	Which floor has women's wear? 위치 플로어 해즈 위민즈 웨어
3층에 있습니다.	3階(さんがい)です。 산가이데스
	It's on the third floor. 이츠 온더 써어드 플로어
어린이 장난감은 어디에서 살 수 있습니까?	おもちゃは どこに ありますか。 오모챠와 도코니 아리마스까
	Where can I buy children's toys? 웨어 캐나이 바이 췰드런즈 토이즈

엘리베이터를 타고 7층으로 가세요.	エレベーターに 乗(の)って 7(なな)階(かい) に 行(い)ってください。 에레베-타-니 놋테 나나카이니 잇테 쿠다사이 Take the elevator to the seventh floor. 테익 디 엘러베이터 투더 쎄븐츠 플로어
영업시간은 어 떻게 됩니까?	営業時間(えいぎょうじかん)は 何時(なん じ)から 何時(なんじ)までですか。 에이교-지칸와 난지카라 난지마데 데스 까 What are the shopping hours? 와라 더 쇼핑 아우어즈
아침 10시에 열 고, 저녁 8시에 닫습니다.	朝(あさ) 10(じゅう)時(じ)から 夜(よる) 8(はち)時(じ)までです。 아사 쥬-지카라 요루 하치지마데 데스 We open at 10 in the morning and close at 8 in the evening. 위 오픈 앳 텐 인더 모오닝 앤 클로우즈 애데잇 인디이브닝

2 옷가게

도와드릴까요?	**何(なに)か お探(さが)しですか。** 나 니 카　오 사 가 시 데 스 까
	May I help you? 메이아이 헤얼퓨
좀 둘러보고 있습니다.	**ただ 見(み)ているだけです。** 타 다　미 테 이 루 다 케 데 스
	I'm just looking. 아임 저슷루킹
청바지를 사고 싶습니다.	**ジーパンを 買(か)いたいです。** 지 – 판 오　카 이 타 이 데 스
	I'd like to buy blue jeans. 아이들라익 투 바이 블루 지인즈
이 옷을 입어 봐도 될까요?	**この 服(ふく)、試着(しちゃく) できますか。** 코 노　후 쿠 ,　시 챠 쿠　데 키 마 스 까
	May I try this on? 메이아이 츄라이 디스 온
어떤 스타일을 찾고 계십니까?	**どんな スタイルを お探(さが)しですか。** 돈 나　스 타 이 루 오　오 사 가 시 데 스 까
	What style are you looking for? 왓 스따일 아율루킹 풔

이 색상은 맘에 안 들어요.	**この 色(いろ)は (き)に 入(い)らないです。** 코노 이로와 키니 이라나이데스 I don't like this color. 아이돈 라익 디스 컬러
그것이 다른 색상으로도 나오나요?	**それ、 他(ほか)の 色(いろ)も ありますか。** 소레, 호카노 이로모 아리마스까 Does that come in another color? 더즈 댓 커민 어너더 컬러
좀 더 밝은 색상을 보여주십시오.	**もう すこし 明(あか)るい 色(いろ)の 物(もの)を 見(み)せてください。** 모- 스코시 아카루이 이로노모노오 미세테 쿠다사이 Please show me a brighter one. 플리이즈 쇼우미어 브라이터 원
이건 어떻습니까?	**これは いかがですか。** 코레와 이카가데스까 How about this one? 하우어바웃 디스 원
나쁘지는 않군요.	**悪(わる)くないですね。** 와루쿠 나이데스네 It's not bad. 이즈낫 배느

크림색은 있습니까?

クリム—色(いろ)は ありますか。
크리-므이로와 아리마스 까

Do you have one in cream?
두유 해브 원 인 크리임

그 색은 재고가 없습니다.

その 色(いろ)は 在庫(ざいこ)が ありません。
소노 이로와 자이코가 아리마센

That color is out of stock.
댓 컬러 이즈 아우덥 스딱

이 바지는 여성용입니까?

この ジーパンは 女性(じょせい)用(よう)ですか。
코노 지-판와 죠세-요-데스 까

Are these pants for women?
아 디이즈 팬츠 풔 위민

이 스카프의 소재는 무엇입니까?

この スカーフの 素材(そざい)は 何(なん)ですか。
코노 스카-후노 소자이와 난데스 까

What is this scarf made of?
왓 이즈 디스 스카앞 메이드옵

100% 실크로 만들어졌습니다.

100%(ひゃくパーセント) シルクです。
햐큐파-센토 시루크데스

It's made of one hundred percent silk.
이츠 메이드옵 원 헌듀뤠드 퍼센트 씨얼크

탈의실은 어디 입니까?	**試着室(しちゃくしつ)は どこですか。** 시차쿠시츠와 도코데스까
	Where's the dressing room? 웨어즈더 쥬뤠씽 루움
이 옷이 저와 어울리는 것 같습니까?	**この 服(ふく) 私(わたし)に 似合(にあ)い ますか。** 코노 후쿠 와타시니 니아이마스까
	Do you think it fits me? 두유 씽킷 피츠미
이것과 저것 중에 어느 것 이 더 나을까 요?	**これと あれとでは どちらのほうが いいで すか。** 코레또 아레토데와 도치라노호-가 이이데스까
	Which do you think is better, this one or that one? 위치 두유 씽키즈 베러 디스원 오어 댓원
정말 잘 어울 립니다.	**本当(ほんとう)に お似合(にあ)いです。** 혼토-니 오니아이데스
	It really looks good on you. 잇 뤼얼리 룩스 구돈뉴
허리가 꽉 죄 이는데요.	**腰(こし)の 部分(ぶぶん)が 小(ちい)さいで す。** 코시노 부분가 치이사이데스
	It's too tight around the waist. 이츠 투 타이터롸운드 더 웨이스트

가슴 부분이 너무 헐렁해요.	胸(むね)の 部分(ぶぶん)が 大(おお)きいです。 무네노 부분가 오오키이데스
	It's too loose around the bust. 이츠 투울루우스 어롸운드 더 버스트
좀 더 큰 사이즈 있습니까?	もっと 大(おお)きい サイズは ありますか。 못토 오오키이 사이즈와 아리마스까
	Do you have a larger size? 두유 해벌라줘 싸이즈
제 바지를 수선하고 싶습니다.	ズボンの すそを 直(なお)したいです。 즈본노 스소오 나오시타이데스
	I'd like to get my trousers mended. 아이들라익 투 겟 마이 츄롸우저즈 멘디드
다른 가게를 더 둘러보겠습니다.	また 来(き)ます。 마타 키마스
	I'll look around other shops. 아일루커롸운드 아더 샤압스

3 신발 · 가죽 제품

어떤 사이즈를 찾으세요?	**どんな サイズを お探(さが)しですか。** 돈나 사이즈오 오사가시데스까 What size are you looking for? 왓 싸이즈 아율루킹 풔
저는 260mm를 신습니다.	**私(わたし)は 26(にじゅうろく)cm(センチ)を 履(は)きます。** 와타시와 니쥬-로크센치오 하키마스 I wear a size 260mm. 아이웨어러 싸이즈 투헌드레드 앤 식스티 밀리미터
이 신발 좀 신어볼게요.	**この 靴(くつ)を 履(は)いてみます。** 코노 쿠츠오 하이테 미마스 I will try these shoes on. 아이윌 츄롸이 디이즈 슈즈 온
이 신발은 진짜 가죽으로 만든 겁니까?	**この 靴(くつ)は 本物(ほんもの)の 革(かわ)ですか。** 코노 쿠츠와 혼모노노 카와데스까 Are these shoes made of real leather? 아 디이즈 슈즈 메이업 뤼얼레더
네, 그것은 소가죽으로 만들었습니다.	**はい、それは 牛革(ぎゅうがわ)です。** 하이, 소레와 규-가와데스 Yes. It's made of cowhide. 예스 이츠 메이덥 카우하이드

그것은 합성피혁으로 만들었습니다.	**これは 人工(じんこう)レザ-です。** 코 레 와 진 고- 레 자-데 스
	It's made of synthetic leather. 이츠 메이덥 씬쎄틱 레더
신발이 잘 맞으십니까?	**靴(くつ)は 合(あ)いますか。** 쿠 츠 와 아 이 마 스 까
	Do the shoes feel right? 두더 슈즈 퓌얼 롸잇
양 옆이 꽉 끼네요.	**両脇(りょうわき)が きついです。** 료-와 키 가 키 츠 이 데 스
	The sides are too tight. 더싸이즈아 투 타잇
약간 헐거워요.	**ちょっと 大(おお)きいです。** 쫏 또 오 오 키 이 데 스
	They are a bit loose. 데이아러 빗 루우스
발등이 좀 아프네요.	**足(あし)の 甲(こう)が ちょっと 痛(いた)いです。** 아 시 노 코-가 쫏 또 이 타 이 데 스
	They hurt the top of my feet. 데이 허어트 더 타법 마이 퓌잇

제 발에 너무 크네요.	**私(わたし)の 足(あし)には 大(おお)きすぎますね。** 와 타 시 노 아 시 니 와 오 오 키 스 기 마 스 네 They are too big for my feet. 데이아 투 빅 풔 마이 퓌잇
제 발에 편하게 맞아요.	**私(わたし)の 足(あし)に ぴったりです。** 와 타 시 노 아 시 니 핏 타 리 데 스 They feel good on my feet. 데이 퓌얼 구온 마이 퓌잇
그 사이즈는 지금 재고가 없습니다.	**この サイズは 今(いま) 在庫(ざいこ)が ありません。** 코 노 사 이 즈 와 이 마 자 이 코 가 아 리 마 센 We don't have that size in stock. 위돈 해브 댓 싸이즈 인스딱
이 허리띠는 무엇으로 만들었습니까?	**この 帯(おび)は 何(なに)で 作(つく)られていますか。** 코 노 오 비 와 나 니 데 츠 쿠 라 레 테 이 마 스 까 What is this belt made of? 왓 이즈 디스 벨트 메이돕
그것은 악어가 죽으로 만들었습니다.	**それは わにの 皮(かわ)で 作(つく)られています。** 소 레 와 와 니 노 카 와 데 츠 쿠 라 레 테 이 마 스 It's made of alligator leather. 이츠 메이돕 앨리게이털레더

가죽이 좀 딱딱하군요.	皮(かわ)が ちょっと 硬(かた)いですね。 카 와 가　쫏 또　카 타 이 데 스 네
	The leather is a bit stiff. 덜레더 이저 빗 스팁
저는 부드러운 가죽이 좋습니다.	私(わたし)は やわらかい 皮(かわ)が 好(す)きです。 와 타 시 와　야 와 라 카 이　카 와 가　스 키 데 스
	I like the smooth leather. 아일라익 더 스무들레더
등산화도 있습니까?	登山靴(とざんぐつ)も ありますか。 토 잔 구 츠 모　아 리 마 스 까
	Do you carry mountain-climbing boots? 두유 캐뤼 마운튼클라이밍 부우츠

4 귀금속 · 화장품 · 향수

어떻게 도와드 릴까요?	**何(なに)か お探(さが)しですか。** 나니 까 오사가시데스 까 How may I help you? 하우 메이아이 헤얼퓨
아내에게 줄 선물을 찾고 있습니다.	**妻(つま)への プレゼントを 探(さが)してい ます。** 츠마에노 푸레젠토오 사가시테 이마스 I'm looking for a gift for my wife. 아임루킹 풔뤄 기프트 풔 마이 와이프
마음에 두고 계신 것이 있 나요?	**何(なに)か 決(き)めているものは あります か。** 나니 까 키메테 이루모노와 아리마스 까 Do you have anything in mind? 두유 해브 애니씽 인마인드
그 반지 좀 보 여주세요.	**その 指輪(ゆびわ)を 見(み)せてください。** 소노 유비와오 미세테 쿠다사이 Show me the ring, please? 쇼우미 더 링 플리이즈
이것은 순금 반지인가요?	**これは 純金(じゅんきん)の 指輪(ゆびわ)で すか。** 코레와 쥰 킨노 유비와데스 까 Is this a pure gold ring? 이즈 디서 퓨어 골드 링

그것은 순금 [18금/도금]입 니다.	**これは　純金(じゅんきん)[18金(じゅうはちきん)／メッキ]です。** 코 레 와　쥰 킨 [쥬 – 하 치 킨 / 멧 키] 데 스
	It's pure gold[eighteen-karat gold/ plated]. 이츠 퓨어 골드[에이틴 캐럿 골드/플레이티드]
이 다이아몬드 는 몇 캐럿인 가요?	**この　ダイヤモンドは　何(なん)カラットですか。** 코 노　다 이 야 몬 도 와　난 카 랏 토 데 스 까
	How many karats is this diamond? 하우메니 캐뤄츠 이즈 디스 다이어몬드
이 진주 목걸 이는 진짜인가 요, 아니면 모 조품인가요?	**この　真珠(しんじゅ)の　ネックレスは　本物(ほんもの)ですか、イミテーションですか。** 코노 신쥬노 넷크레스와 혼모노데스까, 이미테–숀데스까
	Is this pearl necklace real or an imitation? 이즈 디스 퍼얼 네클리스 리얼 오어런 이미테이션
이 보석은 무엇 입니까?	**この宝石(ほうせき)は　何(なん)ですか。** 코 노　호 – 세 키 와　난 데 스 까
	What is this gem? 와디즈 디스 젬
그것은 에머랄 드[사파이어/ 루비]입니다.	**これは　エメラルド[サファイア／ルビー]です。** 코 레 와　에 메 라 루 도 [사 화 이 아 / 루 비 –] 데 스
	That is emerald[sapphire/ruby]. 대디즈 에머럴드[쌔퐈이어/루비]

그것은 올해 아주 인기 있습니다.	**これは 今年(ことし)の人気(にんき)商品(しょうひん)です。** 코 레 와 코 토 시 노 닌 키 쇼-힌 데 스
	It's very popular this year. 이츠 붸리 파퓰러 디스 이어
이 향수는 여성용인가요?	**この香水(こうすい)は 女性用(じょせいよう)ですか。** 코 노 코-스 이 와 죠 세-요-데 스 까
	Is this perfume for women? 이즈 디스 퍼어퓨움 풔 위민
이 향수를 써 봐도 되나요?	**この香水(こうすい)を 使(つか)ってみてもいいですか。** 코 노 코-스 이 오 츠 갓 테 미 테 모 이 이 데 스 까
	May I try this perfume? 메이아이 츄롸이 디스 퍼어퓨움
인기 있는 향수를 추천해 주십시오.	**人気(にんき)の あるもので 香水(こうすい)の お勧(すす)めは ありますか。** 닌키노 아루모노데 코-스이노 오스스메와 아리마스까
	Please recommend a popular perfume. 플리이즈 뤠커멘더 파퓰러 퍼어퓨움
향이 너무 강합니다.	**香(かお)りが 強(つよ)すぎます。** 카 오 리 가 츠 요 스 기 마 스
	The scent is too strong. 더 쌘티즈 투 스뜨로옹

좀 더 부드러운 것을 주세요.	もう 少(すこ)し ソフトな 香(かお)りは ありますか。 모- 스코시 소후토나 카오리와 아리마스 까
	I'd like a milder one. 아이들라이커 마일더 원
이 샘플은 공짜로 드립니다.	このサンプルは 無料(むりょう)で 差(さ)し上(あ)げます。 코노 산푸루와 무료-데 사시아게마스
	These samples are free. 디이즈 샘플즈아 프뤼
피부가 건성이신가요?	乾燥(かんそう)肌(はだ)ですか。 칸소-하다 데스 까
	Is your skin dry? 이쥬어 스킨 듀롸이
아뇨, 제 피부는 지성입니다.	いいえ、私(わたし)の 肌(はだ)は オイルタイプです。 이이에, 와타시노 하다와 오이루타이푸데스
	No, my skin is greasy. 노우 마이 스끼니즈 그리이시
썬크림 한 병 사겠습니다.	日焼(ひや)け止(ど)め 一(ひと)つください。 히야케도메 히토츠 쿠다사이
	I'd like to buy a bottle of suntan cream. 아이들라익 투 바이어 바들럽 썬탠크리임

5 기념품점

이것은 무슨 차입니까?	**これは どんな お茶(ちゃ)ですか。** 코레와 돈나 오챠데스까 What kind of tea is this? 왓 카인덥 티 이즈 디스
그것은 녹차우롱차입니다.	**これは 緑茶(ろくちゃ) [ウーロン茶(ちゃ)] です。** 코레와 로쿠차[우-론챠]데스 That is Green tea[Oolong tea]. 대디스 그린[울롱] 티
이 차는 어디에 좋습니까?	**この 茶(ちゃ)は 何(なに)に いいですか。** 코노 챠와 나니니 이이데스까 What is this tea good for? 와디즈 디스 티 굳 풔
이것은 숙취해소에 좋습니다.	**これは 二日酔(ふつかよ)いに いいです。** 코레와 후츠카요이니 이이데스 This is good for hangovers. 디씨즈 굳 풔 행오우버스
이 딱지 색깔은 무슨 의미입니까?	**この ラベルの 色(いろ)は どんな 意味(いみ)ですか。** 코노 라베루노 이로와 돈나 이미데스까 What does the color of the label mean? 왓 더즈 더 컬러 옵덜레이블 미언

진짜와 가짜 녹차를 어떻게 구별합니까?	本物(ほんもの)と 偽物(にせもの)の 緑茶(りょくちゃ)は どうやって 見分(みわ)けますか。 혼모노또 니세모노노 료쿠챠와 도-얏테 미와케마스까
	How could I tell the true Pure tea from the fake one? 하우 큐다이 텔더 츄루 푸어티 프럼더 페이퀀
부채는 어디에서 사나요?	扇子(せんす)は どこで 買(か)えますか。 센스와 도코데 카에마스 까
	Where could I buy the fan? 웨어 쿠다이 바이더 팬
이것은 무엇으로 만들었나요?	これは 何(なに)で 作(つく)られていますか。 코 레 와 나 니 데 츠 쿠 라 레 테 이 마 스 까
	What is this made of? 와디즈 디스 메이돕
그것은 대나무로 만들었습니다.	これは 竹(たけ)で 作(つく)られています。 코 레 와 타 케 데 츠 쿠 라 레 테 이 마 스
	It's made of bamboo. 이츠 메이드옵 뱀부-
이 곳 특산물은 무엇입니까?	ここの 特産物(とくさんぶつ)は 何(なん)ですか。 코 코 노 토 쿠 산 부 츠 와 난 데 스 까
	What are the local special products here? 와다 덜로컬 스페셜 프러덕츠 히어

6 계산

세일을 하고 있나요?	**セールしていますか。** 세-루시테 이마스까 Are you having a sale? 아유 해빙어 쎄일
모든 것이 20% 할인입니다.	**すべての 商品(しょうひん)が 20%(にじゅうパーセント) 割引(わりびき)です。** 스베테노 쇼-힝가 니쥬-파-센토 와리비키데스 Everything is 20 percent off. 에브뤼씽 이즈 트웬티 퍼센트 오프
가격은 정찰제 입니다.	**定価販売(ていかはんばい)です。** 테이카한바이데스 The prices are fixed. 더 프라이씨스아 픽스트
우리는 할인해 주지 않습니다.	**割引(わりびき)は できません。** 와리비키와 데키마센 We don't give discounts here. 위도운트 기브 디스카운츠 히어
가격표가 없네요 얼마입니까?	**値段表(ねだんひょう)が ないですね。いくらですか。** 네단효-가 나이데스네 이쿠라데스까 There's no price tag. How much is it? 데어즈 노 프롸이스 택 하우머취 이짓

너무 비쌉니다.	**とっても 高(たか)いです。** 톳 테 모　타 카 이 데 스
	It's too much. 이츠 투 머취
그것은 바가지 입니다.	**それは 高(たか)すぎます。** 소 레 와　타 카 스 기 마 스
	That's a rip-off. 대처 립옵
좀 깎아주실 수 있으세요?	**ちょっと 割引(わりびき) できませんか。** 쫏 또　와 리 비 키　데 키 마 센 까
	Can you come down a little? 캐뉴 컴 다우너 리들
좀 깎아주세요.	**割引(わりびき)してください。** 와 리 비 키 시 테　쿠 다 사 이
	Please give me a discount. 플리이즈 깁미어 디스카운트
좀 더 깎아주 세요.	**もう ちょっと 割引(わりびき)してください。** 모 - 쫏 또　와 리 비 키 시 테　쿠 다 사 이
	Come down a little more. 컴 다우너 리들모어

더 이상 할인 해드릴 수 없습니다.	**これ以上(いじょう)、割引(わりびき)できません。**
	코레이죠-, 와리비키데키마센
	I can't go down any more.
	아이 캐앤트 고우 다운 애니모어

두 개 사면, 더 싸나요?	**二(ふた)つ 買(か)えば、もっと 安(やす)くなりますか。**
	후타츠 카에바, 못또 야스쿠 나리마스까
	If I buy two, are they cheaper?
	이파이 바이 투 아데이 취이퍼

손님이 생각하시는 가격대는 얼마입니까?	**お客様(きゃくさま)が 考(かんが)えて いらっしゃる 値段(ねだん)は おいくらですか。**
	오캬쿠사마가 칸가에테 이랏샤루 네단와 오이쿠라데스까
	What is your price range?
	와디쥬어 프라이스 뤠인쥐

5천엔이 적당하다고 생각합니다.	**5(ご)千円(せんえん)が 適切(てきせつ)だと 思(おも)います。**
	고센엔가 테키세츠다또 오모이마스
	I think 5,000 yen is reasonable.
	아이씽크 파이브 싸우전 엔 이즈 뤼즈너블

그것은 특별 할인가격입니다.	**それは 特別(とくべつ) 販売(はんばい)の 金額(きんがく)です。**
	소레와 토쿠베츠 한바이노 킨가쿠데스
	It's a special discount price.
	이처 스페셜 디스카운트 프라이스

PART 7 쇼핑

이것을 사겠어요.	**これ ください。** 코레 쿠다사이 I'll buy this. 아이윌 바이 디스
싸게 사신 겁니다.	**とても お安(やす)くしました。** 토테모 오야스쿠 시마시따 It's a real bargain. 이처 뤼얼 바아긴
공짜로 하나 주세요.	**一(ひと)つ 無料(むりょう)で もらえますか。** 히토츠 무료-데 모라에마스까 Please give me one for free. 플리이즈 김미 원 풔 프뤼
이건 그냥 드리는 겁니다.	**これは、無料(むりょう)で 差(さ)し上(あ)げます。** 코레와 무료-데 사시 아게마스 This is free of charge. 디시즈 프뤼옵 촤쥐
이 물건은 어디서 계산합니까?	**これは どこで 支払(しはら)いますか。** 코레와 도코데 시하라이마스까 Where can I pay for these things? 웨어 캐나이 페이 풔 디이즈 씽스

여행자 수표를 쓸 수 있나요?	**トラベラーズーチェックは 使(つか)えますか。** 토라베라-즈-첵크와 츠카에마스까 Can I use traveler's checks? 캐나이 유즈 츄래블러스 첵스
할부로 할 수 있습니까?	**分割払い(ぶんかつばらい) できますか。** 분카츠바라이 데키마스까 Can I pay in installments? 캐나이 페이인 인스또올먼츠
어떤 카드를 사용할 수 있습니까?	**どんな カードが 使(つか)えますか。** 돈나 카-도가 츠카에마스까 What cards can I use? 왓 카아즈 캐나이 유즈
신분증을 보여 주어야 합니다.	**身分証明書(みぶんしょうめいしょ)を みせて もらえますか。** 미분쇼-메이쇼오 미세테 모라에마스까 I need to see your ID. 아이 니드 투 씨유어 아이디
여기에 사인해 주십시오.	**ここに サイン お願(ねが)いします。** 코코니 사인 오네가이시마스 Please sign here. 플리이즈 싸인 히어

계산서에 착오가 있는 것 같아요.	**請求書(せいきゅうしょ)に 間違(まちが)いが あるようです。** 세이큐-쇼니 마치가이가 아루요-데스 I think there's a mistake on the bill. 아이씽크 데어즈어 미스떼이콘 더 비얼
가격을 너무 많이 청구했어요.	**値段(ねだん)が 高(たか)く 出(で)ているようです。** 네단가 타카쿠 데테이루요-데스 You overcharged me too much. 유 오우버촤쥐드 미 투머취
이 상품은 사지 않았습니다.	**この 商品(しょうひん)は 買(か)いませんでした。** 코노 쇼-힌와 카이마센데시타 You missed the charge for this. 유 미스터 촤쥐 풔 디스
거스름돈을 받지 못했습니다.	**お釣(つり)を もらって いないです。** 오츠리오 모랏테 이나이데스 I haven't received the change yet. 아이해븐 뤼씨브더 췌인쥐 옛
다시 한 번 확인해주세요.	**もう 一度(いちど) 確認(かくにん) お願(ねが)いします。** 모- 이치도 카쿠닝 오네가이시마스 Please check it again. 플리이즈 체킷 어갠

영수증을 따로 따로 발행해 주세요.	レシートは 別　(べつべつ)に 発行(はっこう)してください。
	레시-토와 베츠베츠니 핫코-시테 쿠다사이.
	Please separate the receipts.
	플리이즈 세퍼뤠잇 더 뤼씨이츠

영수증을 받을 수 있을까요?	レシートを もらえますか。
	레시-토오 모라에마스까
	Can I get the receipt?
	캐나이 겟 더 뤼씨잇

영수증 부탁드립니다.	レシート お願(ねが)いします。
	레시-토 오네가이시마스
	Receipt, please.
	뤼씨잇 플리이즈

7 포장 · 배달

어디에서 이것을 선물 포장할 수 있나요?	**これ、プレゼント用(よう)に 包装(ほうそう)して もらえますか。** 코레 푸레젠토요-니 호-소-시테 모라에마스까
	Where can I get this gift-wrapped? 웨어 캐나이 겟 디스 깁트 렙트
이것을 넣을 박스를 얻을 수 있나요?	**これを 入(い)れる 箱(はこ)を もらえますか。** 코레오 이레루 하코오 모라에마스까
	Could I get a box for this? 쿠다이 게더 박스 풔 디스
이것들을 각각 따로 포장해주 십시오.	**これらを 別 (べつべつ)に 包装(ほうそう)して ください。** 코레라오 베츠베츠니 호-소-시테 쿠다사이
	Please wrap these separately. 플리이즈 렙 디이즈 쎄퍼뤼틀리
이것을 한국으로 보내고 싶 습니다.	**これを 韓国(かんこく)に 送(おく)りたいです。** 코레오 칸코쿠니 오쿠리타이데스
	I'd like to send this to Korea. 아이들라익 투 센디스 투 코뤼어
이것을 해외로 발송해주나요?	**海外発送(かいがいはっそう)は できますか。** 카이가이핫소-와 데키마스까
	Can you ship this overseas? 캐뉴 쉽 디스 오버씨즈

그것을 이 주소로 배달해주시겠습니까?	それを この 住所(じゅうしょ)へ 配達(はいたつ)して もらえますか。 소레오 코노 쥬-쇼에 하이타츠 시테 모라에마스까
	Could you deliver it to this address? 쿠쥬 딜리버릿 투디스 어듀뤠스
배달 비용은 얼마입니까?	配達費用(はいたつひよう)は いくらですか。 하 이 타 츠 히 요 - 와 이 쿠 라 데 스 까
	How much is the delivery charge? 하우머취 이즈더 딜리버뤼 촤쥐

8 반품 · 환불

고객 서비스센터가 어디입니까?	顧客(こきゃく) サービスカウンターは どこですか。 코 캬쿠 사−비스 카운타−와 도코데스 까 Where's the customer service counter? 웨어즈더 커스터머 써비스 카운터
이 물건을 반품하고 싶습니다.	これを 返品(へんぴん)したいです。 코 레오 헨핀시타이데스 I'd like to return this item. 아이들라익 투 뤼터언 디스 아이템
이 물건을 교환하고 싶습니다.	これを 交換(こうかん)したいです。 코 레오 코−칸 시타이데스 I'd like to exchange this item. 아이들라익 투 익스췌인쥐 디스 아이템
이 물건을 환불받고 싶습니다.	これを 払(はら)い戻(もど)したいです。 코 레오 하라이모도 시타이데스 I'd like to get a refund on this item. 아이들라익 투 게더 뤼펀드 온 디스 아이템
무엇이 문제인가요?	何(なに)か 間題(もんだい)でも ありますか。 나니카 몬다이데모 아리마스 까 What's the problem with it? 와츠더 프라블럼 위딧

전혀 작동하지 않습니다.	**これは 全然(ぜんぜん) 動(うご)かないです。** 코 레 와 젠젠 우고카나이데스
	It doesn't work at all. 잇 더즌트 워억 애도올
이것은 제가 산 게 아닙니다.	**これは 私(わたし)が 買(か)った ものでは ありません。** 코 레 와 와타시가 캇타 모노데와 아리마센
	This isn't what I bought. 디스 이즌트 와다이 보오트
여기가 찢어졌 습니다.	**ここに 傷(きず)が あります。** 코코니 키즈가 아리마스
	It's torn here. 이츠 토온 히어
표면이 긁혀 있어요.	**表面(ひょうめん)に 傷(きず)が あります。** 효-멘니 키즈가 아리마스
	There are scratches on the surface. 데어러 스끄래취즈 온더 서어퓌스
여기가 금이 갔어요.	**ここに ひびが 入(はい)っています。** 코코니 히비가 하잇떼 이마스
	It's cracked here. 이츠 크렉트 히어

이 부분이 깨졌어요.	ここが 割(わ)れてます。 코코가 와레테마스
	This part was broken. 디스 파어터즈 브로우큰
영수증을 갖고 계십니까?	レシートを 持(も)って いますか。 레시-토오 못테 이마스까
	Do you have the receipt with you? 두유 햅더 뤼씨잇 위드유
영수증을 받지 않았습니다.	レシートを もらって ないです。 레시-토오 모랏테 나이데스
	I didn't get a receipt. 아이디든 게러 뤼씨잇
이것이 영수증입니다.	これが レシートです。 코레가 레시-토데스
	This is the receipt. 디시즈더 뤼씨잇
저희는 환불해 드리지 않습니다.	払(はら)い戻(もど)しは できません。 하라이모도시와 데키마센
	We don't give refunds. 위도운트 기브 뤼펀드

168

Part 8
관광

1 관광안내

이 도시에서 가 볼 만한 관광지가 어디입니까?	この 近(ちか)くに 有名(ゆうめい)な 観光名所(かんこうめいしょ)は ありますか。 코노 치카쿠니 유-메이나 칸코-메-쇼와 아리마스까 What are good places to visit in this city? 와다 굳 플레이씨즈 투 비지잇 인디씨티
관광 안내소는 어디에 있습니까?	観光案内所(かんこうあんないしょ)は どこですか。 칸코-안나이쇼와 도코데스까 Where is the tourist bureau? 웨어 이즈더 투어뤼슷 뷰로
이 도시의 지도를 얻을 수 있습니까?	この 都市(とし)の 地図(ちず)を もらえますか。 코노 토시노 치즈오 모라에마스까 Can I get a map of this city? 캐나이 게러 맵업 디씨티
재미있는 당일 투어를 추천해 주십시오.	面白(おもしろ)い 日帰(ひがえ)リ ツアーの お勧(すす)めは ありますか。 오모시로이 히가에리 츠아-노 오스스메와 아리마스까 Please recommend an interesting one-day tour. 플리이즈 뤠커멘드 어닌터뤼스팅 원데이 투어
방문할 만한 유적지를 추천해주시겠습니까?	遺跡(いせき)の 名所(めいしょ)の お勧(すす)めは ありますか。 이세키노 메이쇼노 오스스메와 아리마스까 Could you recommend traditional sites to visit? 쿠쥬 뤠커멘드 츄뤄뒤셔널 싸이츠 투 뷔짓

내일 아침 우리는 어디에서 모입니까?	**明日(あした)の 朝(あさ) どこで 集(あつ)まりますか。** 아시타노 아사 도코데 아츠마리마스까 Where shall we meet tomorrow? 웨어 쉘위 미잇 터모로우
내일 일정은 어떻게 됩니까?	**明日(あした)の 日程(にってい)を 教(おし)えてください。** 아시타노 닛테이오 오시에테쿠다사이 What is tomorrow's schedule? 와디스 터모로우스 스께쥴
몇 시에 출발합니까?	**何時(なんじ) 出発(しゅっぱつ)ですか。** 난지 슛파츠데스까 When do we start? 웬두위 스따럿
우리는 몇 시에 호텔로 돌아오나요?	**私(わたし)たちは 何時(なんじ)に ホテルに 帰(かえ)ってくる 予定(よてい)ですか。** 와타시타치와 난지 니 호테루니 카엣테쿠루 요테이데스까 What time shall we come back to the hotel? 와타임 쉘위 컴백 투더호텔
모두 모였나요?	**みんな 集(あつ)まりましたか。** 민나 아츠마리마시타 까 Is everyone here yet? 이즈 에브뤼원 히어 옛

누가 빠졌나요?	**誰(だれ)か まだ 来(き)ていないですか。** 다레카 마다 키테 이나이데스까
	Who is missing? 후 이즈 미씽
민호가 아직 안 왔어요.	**민호が まだ 来(き)ていないです。** 민호가 마다 키테 이나이데스
	Min-ho hasn't arrived yet. 민호 해즌트 어롸이브드 옛

2 박물관 · 고궁 · 유적지

입장료가 얼마입니까?	入場料(にゅうじょうりょう)は いくらですか。 뉴－죠－료－와 이쿠라데스까
	How much is the admission fee? 하우 머취 이즈 디 어드미션 피이
어른 표 2장과 어린이 표 1장 주세요.	大人(おとな) 二枚(にまい)と 子供(こども) 一枚(いちまい)ください。 오토나 니마이또 코도모 이치마이 쿠다사이
	Two adult tickets and one child ticket, please. 투 애덜트 티키츠 앤드 원 차일드 티킷 플리이즈
입장료는 어른이 천엔, 학생은 오백엔입니다.	入場料(にゅうじょうりょう)は 大人(おとな) 千円(せんえん)、学生(がくせい)は 五百円(ごひゃくえん)です。 뉴－죠－료－와 오토나 센엔, 가쿠세이와 고햐쿠 엔데스
	The admission fees are 1000 yen for adults and 500 yen for students. 디 어드미션 피이즈어 텐싸우전 엔 풔 애덜츠 앤 파이브 헌드레드 엔 풔 스튜든츠
박물관 입장료는 무료입니다.	博物館(はくぶつかん)の 入場料(にゅうじょうりょう)は 無料(むりょう)です。 하쿠부츠칸노 뉴－죠－료－와 무료－데스
	The museum admission is free. 디 뮤지엄 어드미션 이즈 프리

개방 시간이 어떻게 됩니까?	**開館時間(かいかんじかん)は 何時(なんじ)から 何時(なんじ)までですか。** 카 이 칸 지 칸 와　난 지 카 라　난 지 마 데 데 스 까 When do you open? 웬 두 유 오우픈
저희는 오전 9시부터 오후 4시까지 개방합니다.	**午前(ごぜん) 9時(くじ)から 午後(ごご) 4時(よじ)までです。** 고 젠 쿠 지 카 라　고 고　요 지 마 데 데 스 We open at 9 a.m. and close at 4 p.m. 위 오우프넷 나인 에이앰 앤 클로우잿 풔 피앰
무슨 요일에 휴관합니까?	**休館(きゅうかん)は いつですか。** 큐 - 칸 와　이 츠 데 스 까 On what day are you closed? 온 왓 데이 아유 클로우즈드
매월 첫 번째와 세 번째 월요일 휴관합니다.	**毎月(まいつき) 第1(だいいち)、第3(だいさん)月曜日(げつようび)が 休館(きゅうかん)です。** 마이츠끼 다이이치, 다이산 게츠요-비가 큐-칸데스 We close on the first and the third Monday of each month. 위 클로우즈 온 더 퍼어스트 앤 더 써어드 먼데이 옵 이춰 먼쓰
실내에서는 조용히 해 주십시오	**室内(しつない)では 静(しず)かにしてください。** 시 츠 나 이 데 와　시 즈 카 니 시 테　쿠 다 사 이 Please keep quiet indoors. 플리이즈 키입 콰이엇 인도어즈

여기서는 사진을 찍을 수 없습니다.	ここでは 撮影(さつえい) 禁止(きんし)です。 코코데와 사츠에이 킨시데스
	You can't take pictures here. 유캔트 테익 픽춰즈 히어
어떤 작품들이 전시되고 있습니까?	どんな 作品(さくひん)を 展示(てんじ)していますか。 돈나 사쿠힝오 텐지 시테이마스까
	What kind of works are being exhibited? 왓 카인덥 워억스 아 빙 이그지비티드
어디서 팜플렛을 구할 수 있습니까?	どこで パンフレッドが 手(て)に 入(はい)りますか。 도코데 팜후렛도가 테니 하이리마스까
	Where can I get a pamphlet? 웨어 캐나이 게더 팸플릿
이것은 누구의 작품입니까?	これは 誰(だれ)の 作品(さくひん)ですか。 코레와 다레노 사쿠힌데스까
	Whose work is this? 후즈 워억 이즈 디스
저 건물은 언제 세워졌습니까?	あの ビルは いつ 立(た)てられましたか。 아노 비루와 이츠 타테라레마시타까
	When was the building built? 웬 워즈 더 빌딩 빌트

PART 8 관광

3 놀이공원 · 동물원

자유이용권을 삽시다.	**フリーパスを 買(か)いましょう。** 흐리-파스오 카이마쇼- Let's buy passes for all the rides. 을레츠 바이 패씨즈 풔 올더 라이즈
아주 혼잡하군요.	**とっても 混(こ)んで いますね。** 톳테모 콘데 이마스네 It's too crowded. 이츠 투 크라우디드
서로 붙어 다닙시다.	**離(はな)れないように 一緒(いっしょ)に 歩(ある)いたほうが いいと 思(おも)います。** 하나레나이요우니 잇쇼니 아루이타호-가 이이토 오모이마스 Let's stay close together. 을레츠 스떼이 클로우스 투게더
신나는 놀이기구가 많군요.	**面白(おもしろ)い 乗(の)り物(もの)が 多(おお)いですね。** 오모시로이 노리모노가 오오이데스네 There're lots of exciting rides. 데어럴 라츠업 익싸이팅 라이즈
동물들에게 음식을 주어도 되나요?	**動物(どうぶつ)に 餌(えさ)を やっても いいですか。** 도-부츠니 에사오 얏테모 이이데스까 Can we feed the animals? 캔위 퓌이디 애니멀즈

176

동물들에게 먹이를 줘서는 안 됩니다.	動物(どうぶつ)に 餌(えさ)を やっては いけません。 도-부츠니 에사오 얏테와 이케마센 You shouldn't feed the animals. 유슈든트 퓌이디 애니멀즈
동물들을 화나게 하지 마십시오.	動物(どうぶつ)を 怒(おこ)らせないでください。 도-부츠오 오코라세나이데 쿠다사이 Don't provoke animals. 도운트 프뤄보욱 애니멀즈
우리 사진 좀 찍어주시겠어요?	写真(しゃしん)を 撮(と)って もらえますか。 샤신오 톳테 모라에마스까 Could you please take our picture? 쿠쥬 플리이즈 테이카우어 픽처
이 버튼만 누르면 됩니다.	この ボタンを 押(お)せば いいです。 코노 보탄오 오세바 이이데스 Just press this button. 줘스트 프뤠스 디스 버튼
물개 쇼는 언제 시작합니까?	アシカショーは いつ 始(はじ)まりますか。 아시카쇼-와 이츠 하지마리마스까 When does the seal show start? 웬 더스 더 씨열쑈 스따넛

4 공연 관람

가부키는 어디에서 공연합니까?	**歌舞伎(かぶき)は どこで やっていますか。** 카부키와 도코데 얏떼 이마스까
	Where do they show kabuki? 웨어 두데이 쇼우 카부키
내일 공연 표를 구할 수 있습니까?	**あしたの チケットは どこで買(か)えますか。** 아시타노 치켓토와 도코데 카에마스까
	Are there tickets available for tomorrow's show? 아데어 티키츠 어베일어블 풔 터모로우스 쇼우
예매는 꼭 해야 하나요?	**予約(よやく)は しなければ ならないですか。** 요야쿠와 시나케레바 나라나이데스까
	Should I purchase the ticket in advance? 슈다이 풔춰스 더 티킷 이너드벤스
아니오. 예매하실 필요 없습니다.	**いいえ、予約(よやく)は 必要(ひつよう) ありません。** 이이에, 요야쿠와 히츠요- 아리마센
	No. You don't have to purchase it in advance. 노우 유돈 햅투 풔춰스 잇 이너드벤스
이 표는 얼마 동안 유효합니까?	**この チケットの 有効期限(ゆうこうきげん)は いつまですか。** 코노 치켓토노 유-코-키겐와 이츠마데스까
	How long does this ticket hold good? 하울롱 더즈 디스 티킷 호울드 굳

| 그 표는 일주 일간 유효합니 다. | 有効期限(ゆうこうきげん)は 一週間(いっし ゅうかん)です。 유-코-키겐와 잇슈-칸데스 |
| | The ticket is good for a week. 더 티키티즈 굳 풔러 위익 |

| 하루에 몇 차 례 공연이 있 습니까? | 一日(いちにち) 何回(なんかい) 公演(こう えん)が ありますか。 이치니치 난카이 코-엔가 아리마스까 |
| | How many times do they perform the show? 하우매니 타임즈 두데이 퍼풔엄 더 쑈우 |

| 어디에서 예매 할 수 있습니 까? | どこで 予約(よやく) できますか。 도코데 요야쿠 데키마스까 |
| | Where can I get advance tickets? 웨어 캐나이겟 어드밴스 티키츠 |

| 가부키는 몇 시에 시작합니 까? | 歌舞伎(かぶき)は 何時(なんじ)に 始(はじ)ま りますか。 카부키와 난지니 하지마리마스까 |
| | What time does the kabuki begin? 와타임 더즈더 카부키 비긴 |

| 공연장 안으로 음식을 가지고 들어갈 수 있나요? | 公演会場(こうえんかいじょう)に 食(た)べ 物(もの)を 持(も)ち込(こ)めますか。 코-엔카이죠-니 타베모노오 모치 코메마스까 |
| | Can I bring snacks into the concert hall? 캐나이 브링 스닉스 인투디 컨씨이토올 |

공연 중간에 휴식 시간이 있나요?	公演(こうえん)の 途中(とちゅう)に 休憩時間(きゅうけいじかん)が ありますか。 코-엔노 토츄-니 큐-케-지칸가 아리마스까
	Is there an intermission during the show? 이즈 데어런 인터미션 쥬링더 쇼우

5 보트 타기 · 여객선 · 케이블카

보트를 빌릴 수 있습니까?	ボートの レンタル できますか。 보-토노 렌타루 데키마스까
	Can I borrow a boat? 캔나이 바로우어 보우트
보트를 한 시간 빌리는 데 얼마입니까?	一時間(いちじかん) あたり いくらですか。 이치지칸 아타리 이쿠라데스까
	How much does it cost to borrow the boat for an hour? 하우머취 더짓 코스투 바로우 더 보우트 풔런 아우어
그 보트를 운항하려면 면허증이 있어야 합니까?	この ボートは 免許(めんきょ)が 必要(ひつよう)ですか。 코노 보-토와 멘쿄가 히츠요-데스까
	Do I need a license to drive the boat? 두아이 니덜라이선스 투 듀롸이브더 보우트
북해도에 가려면 어느 배를 타야 합니까?	北海道(ほっかいどう) 行(ゆ)きの 船(ふね)は どれ ですか。 홋카이도- 유키노 후네와 도레데스까
	Which ship should I take to go to Hokkaido? 위치 쉽 슈다이 테익 투 고우투 홋카이도
그 여객선은 차도 실어 나릅니까?	その 船(ふね)は 車(くるま)も 乗(の)れますか。 소노 후네와 쿠루마모 노레마스까
	Does the ship carry cars? 너스너 쉽 캐뤼 카즈

목적지가 어디 입니까?	**目的地(もくてきち)は どこですか。** 모쿠테키치와 도코데스까 What is your destination? 와디즈 유어 데스띠네이션
제 최종 목적 지는 북해도입 니다.	**最終(さいしゅう) 目的地(もくてきち)は 北海道(ほっかいどう)です。** 사이슈- 모쿠테키치와 홋카이도-데스 My final destination is Hokkaido. 마이 퐈이널 데스띠네이셔니즈 홋카이도
구명조끼는 어 디에 있습니 까?	**救命(きゅうめい) ベストは どこに あります か。** 큐-메이 베스토와 도코니 아리마스까 Where are the life vests? 웨어러 덜라잎 붸스츠
어디에서 멀미 약을 구할 수 있나요?	**酔(よ)い止(ど)め薬(ぐすり)は 手(て)に 入(はい)りますか。** 요이도메 구스리와 테니 하이리마스까 Where could I get some seasickness medicine? 웨어 쿠다이 갯 썸 씨이씩니스 메디슨
아래 갑판에 진료소가 있습 니다.	**下(した)の 甲板(かんぱん)に 診療所(しんりょうじょ)が あります。** 시타노 칸판니 신료-죠가 아리마스 We have an infirmary on the lower deck. 위 해번 인풔어머뤼 온덜로우어 덱

난간에 기대지 마십시오.	欄干(らんかん)に もたれないでください。 란 칸 니 모 타 레 나 이 데 쿠 다 사 이
	Don't lean over the rail. 도운틀리인 오우버 더 뤠일
케이블카 표는 어디에서 삽니까?	ケーブルカーの チケットは どこで 買(か)えますか。 케 – 부 루 카 – 노 치 켓 토 와 도 코 데 카 에 마 스 까
	Where can I buy cable car tickets? 웨어 캐나이 바이 케이블카 티키츠
케이블카는 안전합니까?	ケーブルカーは 安全(あんぜん)ですか。 케 – 부 루 카 – 와 안 젠 데 스 까
	Is the cable car safe? 이즈더 케이블카 세잎

6 스포츠 관전

어떤 <u>스포츠를</u> 좋아하십니까?	どんな スポーツが 好(す)きですか。
	돈나 스포츠가 스키데스까
	What kind of sports do you like?
	왓 카인덥 <u>스뽀오츠</u> 두율라익
나는 축구와 수영을 좋아합니다.	私(わたし)は サッカーと 水泳(すいえい)が 好(す)きです。
	와타시와 삿카-또 스이에이가 스키데스
	I like soccer and swimming.
	아일라익 싸커랜 스위밍
축구를 잘 하시나요?	サッカーは よく やりますか。
	사카-와 요쿠 야리마스까
	Are you good at playing soccer?
	아유 구앳 플레잉 싸커
잘 못해요. 하지만 축구 경기 보는 것을 좋아해요.	うまく ないです。でも、サッカーを 観(み)るのは 好(す)きです。
	우마쿠 나이데스. 데모, 삿카-오 미루노와 스키데스
	No, I'm not. But I like to watch soccer games.
	노우 아임 낫 버다일라익 투 와치 싸커 게임즈
어떤 운동을 즐기십니까?	どんな 運動(うんどう)が 好(す)きですか。
	돈나 운도-가 스키데스까
	What kind of sports do you enjoy?
	왓 카인덥 스뽀오츠 두유 인조이

나는 시간이
나면 탁구를
칩니다.

時間(じかん)が あれば ピンポンを します。
지칸가 아레바 핀폰오 시마스

I play table tennis when I have time.
아이 플레이 테이블 테니스 웨나이 해브 타임

주경기장은
어디인가요?

メインスタジアムは どこですか。
메인 스타지아므와 도코데스까

Where is the main stadium?
웨어리스더 메인 스떼이디엄

개막식 입장권
은 얼마입니까?

**開幕式(かいまくしき)の 入場券(にゅうじょ
うけん)は いくらですか。**
카이마쿠시키노 뉴-죠-켄와 이쿠라데스까

How much are the tickets for the opening
ceremony?
하우머치 아더 티키츠 풔디 오프닝 써러모니

최종 성화 봉
송자는 누구입
니까?

**最終(さいしゅう)の 聖火(せいか) 走者(そ
うしゃ)は 誰(だれ)ですか。**
사이슈-노 세이카 소-샤와 다레데스까

Who is the last torch bearer?
후이즈 덜래스트 토오치 베어러

어른 입장권
2장 주세요.

**大人(おとな)の 入場券(にゅうじょうけん)
2枚(にまい)ください。**
오토나노 뉴-죠-켄 니마이 쿠다사이

Two tickets for adults.
투 티키츠 풔 애덜츠

입장권이 매진 되었습니다.	入場券(にゅうじょうけん)は 売(う)リ切(き) れました。뉴-죠-켄와 우리 키레마시타 The tickets are all sold out. 더 티키츠어 오올 솔다웃
이 자리 누가 맡았나요?	3塁側(さんるいがわ)の 内野席(ないやせき) をください。 산 루이 가와 노 나이야세키오 쿠다사이 I'd like a seat on the third base side. 아이들라익커 씨이돈더 써드 베이싸이드
3루쪽 내야석 주세요.	この 席(せき)に 誰(だれ)か 座(すわ)って いますか。 코노 세키니 다레카 스왓테 이마스까 Is this seat taken? 이즈 디씨잇 테이큰
이 자리는 비어 있어요	この 席(せき)には 誰(だれ)も いないです。 코노 세키니와 다레모 이나이데스 This seat is available. 디씨잇 이즈 어붸일어블
제가 앉을 게요.	私(わたし)が 座(すわ)ります。 와타시가 스와리마스 Let me have the seat. 을랫미 햅더 씨잇

Part 9

은행·우체국·전화

1 은행

돈을 출금하려고 합니다.	お金(かね)を 引(ひ)き出(だ)したいです。 오카네오 히키다시타이데스
	I'd like to withdraw some money. 아이들라익 투 위스로 썸머니
이 양식을 작성해 주십시오.	この 書類(しょるい)を 作成(さくせい)してください。 코노 쇼루이오 사쿠세이시테 쿠다사이
	Please fill out these forms. 플리이즈 피얼아웃 디이즈 풔엄즈
이 카드로 현금 서비스를 받을 수 있나요?	この カードは キャッシュ サービスが 可能(かのう)ですか。 코노 카-도와 캬슈 사-비스가 카노-데스까
	Could I get cash service with this card? 쿠다이 겟 캐쉬 써비스 윗디스 카드
어떻게 한국으로 돈을 송금합니까?	韓国(かんこく)に 送金(そうきん)する 方法(ほうほう)を 教(おし)えてください。 칸코쿠니 소우킨스루 호-호-오 오시에테 쿠다사이
	How do I remit money to Korea? 하우두아이 뤼밋 머니 투 코뤼어
송금 수수료는 얼마입니까?	送金(そうきん) 手数料(てすうりょう)は いくらですか。 소으킨 테스-료-와 이쿠라데스까
	What's the remittance charge? 와츠더 뤼미턴스 촤쥐

ATM 사용법을 알려주십시오.	**ATMの 使(つか)い方(かた)を 教(おし)えてください。** 에이띠이에무노 츠카이카타오 오시에테 쿠다사이
	Please show me how to use the ATM. 플리이즈 쇼우미 하우투 유즈디 에이티앰
이 카드로 돈을 인출할 수 있습니까?	**この カードで お金(かね)の 引(ひ)き出(だ)しが できますか。** 코노 카-도데 오카네노 히키다시가 데키마스까
	Could I with draw money with this card? 쿠드아이 위드로 머니 윗디스 카드
제 계좌를 해지하고 싶습니다.	**私(わたし)の 口座(こうざ)を 解約(かいやく)したいです。** 와타시노 코-자오 카이야쿠 시타이데스
	I'd like to close my account. 아이들라익 투 클로우즈 마이 어카운트
이 지폐를 잔돈으로 바꿔주세요.	**この お札(さつ)を 小銭(こぜに)に 換(か)えてください。** 코노 오사츠오 코제니니 카에테 쿠다사이
	Please break this into smaller bills. 플리이즈 브레이크 디스 인투 스모얼러 비얼즈
여기서 한국 원화를 일본 엔화로 환전할 수 있나요?	**ここで、韓国(かんこく)の ウォンを 円(えん)に 両替(りょうがえ)できますか。** 코코데, 칸코쿠노 완오 엔니 료-가에 데키마스까
	Can I exchange Korean won into Japanese yen here? 캐나이 익스췌인쥐 코뤼언 원 인투 재패니스 옌

2 우체국

이것을 한국으로 보내려고 합니다.	これを 韓国(かんこく)に 送(おく)りたいです。 코레오 칸코쿠니 오쿠리타이데스 I'd like to send this to Korea. 아이들라익 투 쌘디스 투 코뤼어
해상우편으로 보낼 건가요, 아니면 항공우편으로 보낼 건가요?	船便(ふなびん)で 送(おく)りますか、航空便(こうくうびん)で 送(おく)りますか。 후나빈데 오쿠리마스까 코-쿠-빈데 오쿠리마스까 Would you like it sent by surface mail or airmail? 우듈라이킷 쌘트 바이 써어퓌스 메일 오어 에어메일
항공우편으로요.	航空便(こうくうびん)で お願(ねが)いします。 코-쿠-빈데 오네가이시마스 By airmail, please. 바이 에어메일 플리즈
이것을 등기우편[일반 우편/특급]으로 보낼 건가요?	これを 書留郵便(かきとめゆうびん)[普通郵便(ふつうゆうびん)／速達郵便(そくたつゆうびん)]で 送(おく)りますか。 코레오 카키토메유-빈 [후츠-유-빈 / 소쿠타츠유-빈] 데 오쿠리마스까 Would you like to send this by registered [regular/express] mail? 우쥴라익 투 쎈디스 바이 뤠지스터드 [뤠귤러/익스프레스] 메일

등기우편으로 보낼 거예요.	**書留郵便(かきとめゆうびん)で 送(おく)ります。** 카키토메유-빈데 오쿠리마스 Registered mail, please. 뤠지스터드 메일 플리이즈
왜 등기우편으로 보내십니까?	**なぜ 書留郵便(かきとめゆうびん)で 送(おく)りますか。** 나제 카키토메유-빈데 오쿠리마스까 What's the reason for sending it by registered mail? 와츠더 뤼즌 풔 쎈딩 잇 바이 뤠지스터드 메일
귀중품이 들어 있습니다.	**貴重品(きちょうひん)が 入(はい)って います。** 키쵸-힌가 하잇테 이마스 It includes valuables. 이딘클루즈 밸류어블즈
이 편지를 한국으로 보내려고 합니다.	**この 手紙(てがみ)を 韓国(かんこく)に 送(おく)りたいです。** 코노 테가미오 칸코쿠니 오쿠리타이데스 I'd like to send this letter to Korea. 아이들라익 투 쌘디슬레터 투 코뤼어
이 소포를 한국으로 보내고 싶습니다.	**この 小包(こづつみ)を 韓国(かんこく)に 送(おく)りたいです。** 코노 코즈츠미오 칸코쿠니 오쿠리타이데스 I'd like to send this package to Korea. 아이들라익 투 쌘디스 패키지 투 코뤼어

이 소포는 모레 까지 서울에 도 착해야 합니다.	この 小包(こづつみ)は あさってまで ソウル に 届(とど)かなければ なりません。 코노 코즈 츠미와 아삿테마데 소우루니 토도카나케레바 나리마센 This package needs to get to Seoul the day after tomorrow. 디스 패키지 니이즈 투 게투 서울 더데이 앱터 터모로우
소포에 무엇이 들어 있습니까?	小包(こづつみ)の 中(なか)に 何(なに)が 入(はい)って いますか。 코즈츠미노 나까니 나니가 하잇테 이마스까 What's in the package? 와츠 인더 패키쥐
도자기[의류/ 서적]입니다.	陶磁器(とうじき)[衣類(いるい)／本(ほん)] が 入(はい)って います。 토-지키 [이루이 ／홍] 가 하잇테 이마스 Chinawares[Clothes／Books]. 차이나웨어즈[클로우즈/북쓰]
우편 요금이 얼마입니까?	料金(りょうきん)は いくらですか。 료-킨와 이쿠라데스까 How much is the postage? 하우머치 이즈더 포스티쥐
무게에 따라 다릅니다.	重量(じゅうりょう)に よって 異(こと)なり ます。 쥬-료-니 옷테 코토나리마스 It depends on the weight. 잇 디펜즈 온더 웨잇

내용물이 깨지기 쉬운 건가요?	内容物(ないようぶつ)は 割(わ)れやすいですか。 나이요-부츠와 와레야스이데스까 Are the contents fragile? 아더 컨텐츠 프뤠즐
네, 꿀을 담은 유리병 2개입니다.	はい、ガラス瓶(びん)の 蜂蜜(はちみつ)二(ふた)つが 入(はい)って います。 하이, 가라스빙노 하치미츠 후타츠가 하잇테 이마스 Yes, two glass bottles containing honey. 예스 투 글래스 바들즈 컨테이닝 허니
포장을 잘 하셔야 합니다.	壊(こわ)れないように しっかり包装(ほうそう)されて いなければ なりません。 코와레나이요-니 싯까리 호-소-사레테 이나케레바 나리마센 You should package it carefully. 유슈드 패키쥐잇 케어펄리
포장종이[박스]를 파나요?	包装(ほうそう)用(よう)の 紙(かみ)[包装(ほうそう)用(よう)の 箱(はこ)]を 買(か)えますか。호-소-요-노 카미[호-소-요-노 하코]오 카에마스까 Do you sell wrapping paper[wrapping boxes]? 두유셀 뤠핑 페이퍼[뤠핑박시즈]

3 전화

전화카드는 어디에서 살 수 있습니까?	テレフォンカードは どこで 買(か)えますか。 테레혼 카-도와 도코데 카에마스까 Where can I get a phone card? 웨어 캐나이 게더 풔운 카드
공중전화는 어디에 있습니까?	公衆電話(こうしゅうでんわ)は どこに ありますか。 코-슈-덴와와 도코니 아리마스까 Where's the public phone? 웨어즈 더 퍼블리 풔운
이 전화를 사용하는 방법을 가르쳐주십시오	この 電話(でんわ)の 使い方(つかいかた)を 教(おし)えてください。 코노 덴와노 츠카이카타오 오시에테 쿠다사이 Please show me how to use this phone. 플리이즈 쇼우미 하우투 유즈 디스 풔운
시내 통화를 하려면 얼마가 있어야 합니까?	市内通話(しないつうわ)は いくらですか。 시나이츠-와와 이쿠라데스까 How much do I need to make a local phone call? 하우머치 두아이 니드 투 메이커 로우컬 풔운콜
이 전화로 장거리전화를 걸 수 있습니까?	この 電話(でんわ)で 長距離電話(ちょうきょりでんわ)は 利用(りよう)できますか。 코노 덴와데 쵸-쿄리덴와와 리요-데키마스까 Can I make a long distance phone call on this phone? 캐나이 메이컬롱 디스떤스 풔운콜 온 디스 풔운

여보세요.	**もしもし。** 모시모시
	Hello. 헬로우
(전화 거신 분은) 누구시죠?	**どちら様(さま)ですか。** 도치라 사마데스까
	Who's calling? 후즈 콜링
누구와 통화하고 싶으세요?	**誰(だれ)に お継(つ)なぎしましょうか。** 다레니 오츠나기시마쇼-까
	Who would you like to speak with? 후 우쥴라익 투 스삐익 위드
김지영씨와 통화하고 싶습니다.	**김지영さん いらっしゃいますか。** 김지영상 이랏샤이마스까
	I'd like to speak to Ms. Kim, Ji-young. 아이들라익 투 스삑투 미즈 김지영
잠깐만 기다리십시오.	**少 (しょうしょう) お待(ま)ちください。** 쇼-쇼 오마치 쿠다사이
	Hold on, please. 호울돈 플리이즈

바꿔드리겠습니다.	只今(ただいま) お代(か)わりします。 타 다 이 마 오 카 와 리 시 마 스
	I'll put you through. 아일 푸츄 쓰루
그는 다른 전화를 받고 있습니다.	彼(かれ)は 他(ほか)の 電話(でんわ)に 出(で)ております。 카 레 와 호 카 노 덴 와 니 데 테 오 리 마 스
	He's on the other line. 히이즈 온 디어덜라인
기다리시겠습니까?	お待(ま)ちになりますか。 오 마 치 니 나 리 마 스 까
	Would you like to hold? 우쥴라익 투 호울드
나중에 다시 전화 드리겠습니다.	折(お)り返(かえし) 電話(でんわ) いたします。 오 리 카 에 시 덴 와 이 타 시 마 스
	I'll call back later. 아일 콜백 레이터
그녀는 지금 잠깐 자리를 비웠습니다.	彼女(かのじょ)は ただ今(いま) 席(せき)を 外(はず)して おります。 카 노 죠 와 타 다 이 마 세 키 오 하 즈 시 테 오 리 마 스
	She's not in right now. 쉬즈 나딘 롸잇 나우

그는 점심 식사하러 나갔습니다.	彼(かれ)は 食事(しょくじ)のため、出(で)て おります。 카레와 쇼쿠지노타메, 데테 오리마스	
	He went out for lunch. 히 웬타웃 풔런치	
그는 언제 돌아올 것 같습니까?	彼(かれ)は いつ 戻(もど)ってくる 予定(よてい)ですか。 카레와 이츠 모돗테쿠루 요테이데스까	
	When do you expect him back? 웬두유 익스큐트 힘 백	
그는 2시쯤 돌아올 것 같습니다.	彼(かれ)は 2時(にじ)ごろ 戻(もど)ってくると 思(おも)います。 카레와 니지고로 모돗테쿠루또 오모이마스	
	I expect he'll be back at around 2 o'clock. 아이 익스빽트 히일비 백 앳 어롸운드 투 어클락	
나중에 다시 전화 주십시오.	後(のち)ほど また お電話(でんわ)かけていただけますか。 노치호도 마타 오뎅와 카케테 이타다케마스까	
	Please call later again. 플리이즈 콜레이터 어갠	
내선 325번 바꿔주세요.	内線(ないせん) 325(さんびゃくにじゅうご)番(ばん)を お願(ねが)いします。 나이센 산뱌쿠니쥬-고반오 오네가이시마스	
	Please connect me to extension 325. 플리이즈 커넥트 미투 익스텐션 쓰뤼투퐈이브	

그는 오늘 휴가입니다.	彼(かれ)は 本日(ほんじつ) 休(やす)みを 頂(いただ)いて おります. 카레와 혼지츠 야스미오 이타다이테 오리마스 He's off today. 히이즈 옵 투데이
메모 남겨 드릴까요?	ご伝言(でんごん) ありますでしょうか. 고 덴곤 아리마스 데쇼-까 May I take a message? 메이아이 테이커 메시지
제가 전화했다고 그에게 말해 주시겠습니까?	電話(でんわ)が あったことを 伝(つた)えて もらえますか. 덴와가 앗타코토오 츠타에테 모라에마스카 Could you tell him I called? 큐쥬 텔힘 아이 코올드
무슨 말인지 잘 모르겠습니다.	聞(き)き取(と)れませんでした. 키키 토레 마센 데 시타 I don't understand you. 아이도운 언더스땐듀
한 번 더 말씀해 주시겠어요?	もう 一度(いちど) お願(ねが)いします. 모- 이치도 오네가이시마스 Could you repeat that? 쿠듀 뤼피잇 댓

조금만 더 크게 말씀해주세요.	もう 少(すこ)し 大(おお)きい 声(こえ)で お願(ねが)いします। 모- 스코시 오오키이 코에데 오네가이시마스
	Speak up a little, please. 스삐이컵 얼리들 플리이즈
잘못 걸었습니다.	番号(ばんごう)を お間違(まちが)えになった ようです。 반고-오 오마치가에니낫타 요-데스
	You have the wrong number. 유 해브더 로옹 넘버
여기에는 그런 이름을 가진 사람이 없습니다.	ここには そんな 名前(なまえ)の 人(ひと)は いません。 코코니와 손나 나마에노 히토와 이마센
	There is no one here by that name. 데어리즈 노원 히어 바이 댓 네임

4 국제전화

국제전화는 어떻게 하나요?	**国際電話(こくさいでんわ)の かけ方(かた)を 教(おし)えてください。** 코쿠사이뎅와노 카케카타오 오시에테 쿠다사이 How do I call overseas? 하우 두아이 콜 오버씨즈
국가 코드는 몇 번입니까?	**国(くに) 番号(ばんごう)は 何番(なんばん)ですか。** 쿠니 반고- 와 난반데스까 What's the country code? 와츠더 컨츄리 코우드
82번입니다.	**82番(はちじゅうにばん)です。** 하치쥬-니반데스 It's 82. 이츠 에이티투
한국의 서울로 수신자 부담 전화를 하고 싶습니다.	**韓国(かんこく)の ソウルに フリーダイヤルで 通話(つうわ)したいです。** 칸코쿠노 소우루니 흐리-다이야루데 츠-와 시타이데스 I'd like to make a collect call to Seoul, Korea. 아이들라잌투 메이커 컬렉트콜 투 서울 코뤼어

Part 10
긴급 상황

PART 10 긴급 상황

1 병원

의사 선생님과 약속이 되어 있습니다.	**診察(しんさつ)の 予約(よやく)を しています。** 신사츠노 요야쿠오 시테이마스 I have an appointment with doctor. 아이 해번 어포인먼트 윗 닥터
보험에 들어 있나요?	**保険(ほけん)には 入(はい)って いますか。** 호켄니와 하잇테 이마스까 Do you have insurance? 두유 해브 인슈어런스
증상이 어떻습니까?	**症状(しょうじょう)は どうですか。** 쇼-죠-와 도-데스까 What are your symptoms? 와다유어 씸텀스
여기가 아픕니다.	**ここが 痛(いた)いです。** 코코가 이타이데스 I've got a pain right here. 아이브가더 페인 롸잇 히어
고열이 있습니다.	**熱(ねつ)が 高(たか)いです。** 네츠가 타카이데스 I've got a fever. 아이브가더 퓌버

어지럽습니다.	**めまいが します。** 메마이가 시마스 I feel dizzy. 아이 피얼 디지
매스껍습니다.	**吐(は)き気(け)が します。** 하키케가 시마스 I feel nausea. 아이 피얼 노우씨어
설사를 합니다.	**下痢(げり)を しています。** 게리오 시테이마스 I have diarrhea. 아이 햅 다이어리어
발목을 삐었어 요.	**足首(あしくび)を 挫(くじ)きました。** 아시쿠비오 쿠지키마시타 I sprained my ankle. 아이 스쁘뤠인드 마이 앵클
팔이 부러졌어 요.	**腕(うで)が 折(お)れた みたいです。** 우데가 오레타 미타이데스 I broke my arm. 아이 브로욱 마이 아암

두 번 토했습니다.	**2回(にかい) 吐(は)きました。** 니 카 이 하 키 마 시 타 I vomited twice. 아이 보우미티드 트와이스
벌에 쏘였습니다.	**蜂(はち)に 刺(さ)されました。** 하 치 니 사 사 레 마 시 타 I got stung by a bee. 아이 갓 스떵 바이어 비
개한테 물렸어요.	**犬(いぬ)に かまれました。** 이 누 니 카 마 레 마 시 타 I got bitten by a dog. 아이 갓 비튼 바이어 독
목이 부었군요.	**喉(のど)が 腫(は)れて いますね。** 노 도 가 하 레 테 이 마 스 네 Your throat is swollen. 유어 쓰로웃 이즈 스월른
언제부터 이런 증상이 있었습니까?	**いつから こんな 症状(しょうじょう)が ありましたか。** 이 츠 카 라 콘 나 쇼 - 죠 - 가 아 리 마 시 타 카 When did these symptoms begin? 웬디드 디이즈 씸텀즈 비긴

오늘 점심 식사 직후에요.	今日(きょう)の 昼食(ちゅうしょく)を 食(た)べた 直後(ちょくご)からです。 쿄-노 츄-쇼쿠오 타베타 쵸쿠고카라데스
	Right after having lunch today. 롸이데프터 해빙 런치 투데이
점심으로 무엇을 드셨나요?	昼食(ちゅうしょく)は 何(なに)を 食(た)べましたか。 츄-쇼쿠와 나니오 타베마시타 까
	What did you have for lunch? 왓디듀 해브 풔얼런치
만두를 먹었습니다.	餃子(ぎょうざ)を 食(た)べました。 교-자오 타베마시타
	I ate some buns. 아이에잇 썸 번즈
만두소가 상했던 것 같습니다.	餃子(ぎょうざ)の 中身(なかみ)が 腐(くさ)っていた みたいです。 교-자노 나카미가 쿠삿테이타미타이데스
	The bun stuffing might have gone bad. 더 번스떠핑 마잇 햅곤 배드
어쩌다가 다쳤습니까?	どうしましたか。 도-시마시타 까
	What caused the injury? 왓 코오즈디 인줘뤼

그는 계단에서 넘어졌어요.	彼(かれ)は 階段(かいだん)から 落(お)ちました。 카레와 카이단카라 오치마시타 He fell down the stairs. 히 펠다운더 스떼어즈
그는 자전거에 치였어요.	彼(かれ)は 自転車(じてんしゃ)に ひかれました。 카레와 지텐샤니 히카레마시타 A bike hit him. 어바익 힛힘
그의 상태는 심각합니다.	彼(かれ)は 今(いま) 危(あぶ)ない 状態(じょうたい)です。 카레와 이마 아부나이 죠ー타이데스 His condition is serious. 히즈 컨디셔니즈 씨어리어스
그는 입원을 해야 합니다.	彼(かれ)は 入院(にゅういん) しなければ なりません。 카레와 뉴ー인 시나케레바 나리마센 He has to be hospitalized. 히 해스터비 하스삐털라이즈드

2 약국

좋은 진통제 [연고/소화제] 추천해주십시오.	**よく効(き)く 鎮痛剤(ちんつうざい)[塗(ぬ)り薬(ぐすり)／消化剤(しょうかざい)]は ありますか。** 요쿠 키쿠 친 츠 - 자 이 [누리 구 스리 ／ 쇼 - 카 자 이] 와 아 리 마 스 까
	Please recommend a good painkiller [ointment/digestive]. 플리이즈 뤠커멘더 굳 페인킬러[오인먼트/다이제스티브]
이것이 효능이 좋습니다.	**これは よく 効(き)きます。** 코 레 와 요 쿠 키 키 마 스
	This one works well. 디스원 워억스 웰
처방전이 있어야 합니까?	**処方箋(しょほうせん)が なければ ならないですか。** 쇼 호 - 센 가 나 케 레 바 나 라 나 이 데 스 까
	Do I need a prescription? 두아이 니더 프뤼스크립션
여기 처방전 있습니다.	**これが、処方箋(しょほうせん)です。** 코 레 가, 쇼 호 - 센 데 스
	Here's the prescription. 히어즈더 프뤼스크립션

설사약 좀 주세요.	**下痢止(げりど)め薬(ぐすり)をください。** 게리도메 구스리오 쿠다사이
	Please give me some medicine for diarrhea. 플리이즈 깁미 썸 메디슨 풔 다이어리어
소독약이[붕대가] 필요합니다.	**消毒薬(しょうどくやく)[包帯(ほうたい)]が 必要(ひつよう)です。** 쇼-도쿠야쿠 [호-타이] 가 히츠요-데스
	I need some disinfectant[bandages]. 아이니드 썸 디신펙턴트[밴디쥐스]
이 약을 어떻게 복용합니까?	**この 薬(くすり)の 服用方法(ふくようほうほう)を 教(おし)えてください。** 코노 쿠스리노 후쿠요-호-호-오 오시에테 쿠다사이
	How should I take this medicine? 하우 슈다이 테익 디스 메디슨
식후에 복용하세요.	**食後(しょくご)に 飲(の)んでください。** 쇼쿠고니 논데 쿠다사이
	Take the pills after every meal. 테익더 피얼즈 애프터 에브뤼 미얼
한 번에 몇 알 먹어야 합니까?	**一回(いっかい)に 何錠(なんじょう) 飲(の)みますか。** 잇카이니 난죠- 노미마스까
	How many tablets should I take at a time? 하우메니 태블리츠 슈다이 테익 애더 타임

두 알씩 하루에 3번 복용하십시오.	一日(いちにち) 3回(さんかい) 2錠(にじょう) ずつ 飲(の)んでください。 이치니치 산카이 니죠– 즈츠 논데 쿠다사이
	Take two pills three times a day. 테익 투 피얼즈 쓰리 타임저 데이
공복에 이 약을 먹지 마십시오.	空腹(くうふく)には 飲(の)まないでください。 쿠–후쿠니와 노마나이데 쿠다사이
	Don't take this medicine on an empty stoamch. 도운테익 디스 메디슨 오넌 엠티 스따먹
술을 마시지 마십시오.	お酒(さけ)は 飲(の)まないでください。 오사케와 노마나이데 쿠다사이
	Don't drink alcohol. 도운 쥬륑크 앨커홀
어떤 부작용이 있나요?	どんな 副作用(ふくさよう)が ありますか。 돈나 후쿠사요–가 아리마스까
	Are there any side effects? 아데어 애니 싸이드 이펙츠
졸릴 수 있습니다.	眠(ねむ)く なるかも 知(し)れません。 네무쿠 나루카모 시레마센
	You can be drowsy. 유캔비 듀롸우지

PART 10 긴급 상황

어지러울 수 있습니다.	**めまいが するかも 知(し)れません。** 메마이가 스루카모 시레마센 You may feel dizzy. 유메이 필 디지
운전을 피하셔야 합니다.	**運転(うんてん)は 避(さ)けなければ なりません。** 운텐와 사케나케레바 나리마센 You should avoid driving. 유슈드 어보이드 쥬라이빙
물을 많이 마시세요.	**十分(じゅうぶん)な 水(みず)を 飲(の)んでください。** 쥬-분나 미즈오 논데 쿠다사이 Drink lots of water. 쥬링클라츠업 워러
잠을 충분히 자도록 하세요.	**十分(じゅうぶん)な 睡眠(すいみん)を とってください。** 쥬-분나 스이민오 톳테 쿠다사이 Try to get enough sleep. 츄라이 투겟 이넙 슬리잎

3 경찰서

오토바이에 치었어요.	**バイクに ひかれました。** 바이크니 히카레마시타 I was hit by a motor bike. 아이워즈힛 바이어 모터바익
어떤 부상을 입었습니까?	**どんな 怪我(けが)を しましたか。** 돈나 케가오 시마시타 까 What kind of injuries did you get? 왓 카인덥 인쥬리스 디쥬 겟
그는 뺑소니차 사고를 당했어요.	**彼(かれ)は ひき逃(に)げされました。** 카레와 히키니게 사레마시타 He was injured in a hit-and-run accident. 히 워스 인쥬드 이너 히댄런 액씨던트
차량 번호는 〈천-30-75〉 번이었어요.	**車両番号(しゃりょうばんごう)が ちー30(さんじゅう)-75番(ななじゅうごばん)です。** 샤료-반고-가 치노 산쥬-노 나나쥬-고반데스 The license number of the car was Chi 30-75. 덜라이선스 넘버 옵더 카 워즈 치 쓰리 오 쎄븐 파이브
뒤에 있던 차가 뒤에서 저를 받았어요.	**後(うしろ)の 車(くるま)から 衝突(しょうとつ)されました。** 우시로노 쿠루마카라 쇼-토츠 사레마시타 The car behind me rear-ended me. 더카 비하인미 뤼어엔디드 미

저는 신호를 위반하지 않았 습니다.	私(わたし)は 信号(しんごう)を 無視(むし) してないです。 와타시와 신고-오 무시시테 나이데스 I didn't drive against the traffic signal. 아이 디든 쥬롸이브 어갠스터 츄뤠픽 시그널
그가 정차 신호 를 무시했어요.	彼(かれ)が 赤(あか) 信号(しんごう)を 無視 (むし)しました。 카레가 아카 신고-오 무시시마시타 He ignored the stop signal. 히 이그노어더 스땁 씨그널
저는 제한 속 도로 운전했습 니다.	私(わたし)は 制限速度(せいげんそくど)で 運転(うんてん)していました。 와타시와 세이겐소쿠도데 운텐시테이마시타 I drove the speed limit. 아이 쥬로웁 더 스삐이들리밑
그가 무단횡단 을 하고 있었 어요.	彼(かれ)は 横断歩道(おうだんほどう)がな いところを 渡(わた)っていました。 카레와 오-단호도-가 나이도코로오 와탓테 이마시타 He was jaywalking. 히 워스 제이워킹
제 과실이 아닙 니다.	私(わたし)の 過失(かしつ)では ありませ ん。 와타시노 카시츠데와 아리마센 It was not my fault. 잇 워즈낫 마이 포올트

당신 잘못입니다.	あなたの せいです。 아나타노 세이데스
	It was your fault. 잇 워쥬어 폴트
목을 삔 것 같아요.	首(くび)を 捻挫(ねんざ)した みたいです。 쿠비오 넨자시타 미타이데스
	My neck seems to be sprained. 마이 넥 씨임즈 투비 스쁘레인드
저는 보험을 들었습니다.	私(わたし)は 保険(ほけん)に 加入(かにゅう)して います。 와타시와 호켄니 카뉴-시테 이마스
	I have insurance. 아이 햅 인슈어런스
보험 회사에서 처리하도록 하는 게 좋겠습니다.	保険会社(ほけんがいしゃ)で 処理(しょり)したほうが いいと 思(おも)います。 호켄가이샤데 쇼리시타호-가 이이또 오모이마스
	We'd better let the insurance company settle it. 위드 베럴랫 디 인슈어런스 컴퍼니 쎄들릿
서로 합의합시다.	お互(たが)い 示談(じだん)で 解決(かいけつ)しませんか。 오타가이 지단데 카이케츠시마셍까
	Let's come to a mutual agreement. 을레츠 컴투어 뮤츄얼 어그뤼먼트

저는 합의해 줄 수 없습니다.	私(わたし)は 示談(じだん)で 解決(かいけつ)する つもりは ありません。 와타시와 지단데 카이케츠스루 츠모리와 아리마셍
	I won't consent. 아이온트 컨쎈트
법적 조치를 취하겠어요.	法的(ほうてき) 処置(しょち)を とります。 호-테끼 쇼치오 토리마스
	I'll take a legal action. 아일 테이컬리걸 액션
한국대사관에 연락해주세요.	韓国大使館(かんこくたいしかん)に 連絡(れんらく)して ください。 칸코쿠타이시칸니 렌라쿠 시테 쿠다사이
	Please contact the Korean Embassy. 플리이즈 컨택트 더 코뤼언 엠버씨

구급차를 보내 주시겠어요?	救急車(きゅうきゅうしゃ)を 送(おく)って もらえますか。 큐-큐-샤오 오쿳테 모라에마스까
	Could you send us an ambulance? 쿠쥬 쎈더스 어앰뷸런스
구급차를 불러 주세요.	救急車(きゅうきゅうしゃ)を 呼(よ)んでく ださい。 큐-큐-샤오 욘데 쿠다사이
	Please call an ambulance. 플리이즈 콜 어앰뷸런스
친구가 다쳤어 요.	友達(ともだち)が 怪我(けが)を しました。 토모다치가 케가오 시마시타
	My friend is injured. 마이 프렌디즈 인줘드
지금 어디 계 십니까?	今(いま)、どこに いますか。 이마, 도코니 이마스까
	Where are you? 웨어라 유
그는 출혈이 심해요.	彼(かれ)は 出血(しゅっけつ)が 多(おお)い です。 카레와 숫케츠가 오오이데스
	He's bleeding severely. 히즈 블리이딩 써뷔얼리

그의 혈액형은 무엇입니까?	彼(かれ)の血液型(けつえきがた)は 何(なん)ですか。 카 레 노 케 츠 에 키 가 타 와 난 데 스 까
	What's his blood type? 와츠 히즈 블러드 타입
A형입니다.	A型(がた)です。 A 가 타 데 스
	His blood type is A. 히즈 블러드 타입 이즈 에이
이 근처에 병원이 있습니까?	この近(ちか)くに 病院(びょういん)が ありますか。 코 노 치 카 쿠 니 뵤 - 잉 가 아 리 마 스 까
	Is there a hospital near here? 이즈데러러 하스삐틀 니어히어
지갑을 소매치기 당한 것 같아요.	財布(さいふ)を 盗(ぬす)まれた ようです。 사 이 후 오 누 스 마 레 타 요 - 데 스
	I think a pickpocket stole my wallet. 아이씽커 픽포킷 스또울 마이 월릿
제 가방 안에 돈과 여권이 들어 있었습니다.	鞄(かばん)の中(なか)には お金(かね)と パスポートが 入(はい)っていました。 카방노 나 카니와 오카네또 파스포-토가 하잇테 이마시타
	My money and passport were in my bag. 마이 머니 앤 패스뽀엇 워어린 마이 백

카메라를 분실 했습니다.	カメラを 紛失(ふんしつ)しました。 카 메 라 오　훈 시 츠　시 마 시 타
	I lost my camera. 아일로스트 마이 케머러
전철에 가방을 두고 내렸어요.	電車(でんしゃ)の中(なか)に 鞄(かばん)を 置(お)いた まま 降(お)りてしまいました。 덴 샤노 나카니 카방오 오이따 마마 오리테 시마이마시타
	I left my bag in the subway train. 아일레프트 마이 백 인더 서브웨이 츄뤠인
분실물 센터가 어디입니까?	紛失物(ふんしつぶつ)センターは どこです か。 훈 시 츠 부 츠　센 타 - 와　도 코 데 스 까
	Where's the lost and found office? 웨어즈 덜로스트 앤 퐈운드 오퓌스
분실물 센터는 역에 있습니다.	紛失物(ふんしつぶつ)センターは 駅(えき) にあります。 훈 시 츠 부 츠　센 타 - 와　에 키 니　아 리 마 스
	The lost and found office is in station. 덜로스트 앤 퐈운드 오퓌스 이즈인 스떼이션
여권을 분실했 습니다.	パスポートを 紛失(ふんしつ)しました。 파 스 포 - 토 오　훈 시 츠　시 마 시 타
	I lost my passport. 아일로스트 마이 패스뽀엇

여행자 수표를 분실했습니다.	トラベラーズチェックを 紛失(ふんしつ)しました。
	토라베라-즈 첵크오 훈시츠 시마시타
	I lost my traveler's checks.
	아일로스트 마이 츄래블러스 첵쓰
수표의 일련번호를 알고 계십니까?	トラベラーズチェックの 一連番号(いちれんばんごう)は ご存知(ぞんじ)ですか。
	토라베라-즈 첵크노 이치렌반고-와 고존지데스까
	Do you know the serial numbers of the checks?
	두유 노우더 씨리얼 넘버스 옵더 첵쓰

Part 11

귀국

1 귀국 준비

제 항공편 예약을 재확인하고 싶습니다.	航空便(こうくうびん)の予約(よやく)を 再確認(さいかくにん)したいです。 코-쿠-빈노 요야쿠오 사이카쿠닌 시타이데스
	I'd like to reconfirm my reservation. 아이들라익투 뤼컨펌어 마이 뤠저베이션
예약 번호를 알려주시겠습니까?	予約(よやく)番号(ばんごう)を 教(おし)えてもらえますか。 요야쿠 반고-오 오시에테 모라에마스카
	May I ask your reservation number? 메이아이 애스큐어 뤠저베이션 넘버
비행기 예약이 확인되었습니다.	飛行機(ひこうき)の予約(よやく)が 確認(かくにん)できました。 히코-키노 요야쿠가 카쿠닌 데키마시타
	Your flight is confirmed. 유어 플라이티즈 컨펌어드
체크아웃하고 싶습니다.	チェックアウトしたいです。 첵크아우토 시타이데스
	I'd like to check out, please. 아이들라익 투 체카웃 플리이즈
비행기는 언제 출발합니까?	飛行機(ひこうき)は いつ 出発(しゅっぱつ)しますか。 히코-키와 이츠 슛파츠시마스까
	What time is your flight? 와타임 이쥬어 플라잇

내일 아침 10시에 출발합니다.	明日(あした)の朝(あさ) 10時(じゅうじ)に出発(しゅっぱつ)します。 아시타노 아사 쥬-지니 슛파츠시마스 It leaves at 10 o'clock tomorrow morning. 잇 리브즈 앳 테너클락 터모로우 모닝
공항까지 좀 태워주시겠습니까?	空港(くうこう)まで 乗(の)せて もらえますか。 쿠-코-마데 노세테 모라에마스까 Would you give me a ride to the airport? 우쥬 깁미어 롸이드 투디 에어포엇
공항까지 리무진 버스를 이용할 수 있습니까?	空港(くうこう)まで リムジンバスのが ありますか。 쿠-코-마데 리므진바스노가 아리마스까 Can I take a limousine bus to the airport? 캐나이 테이컬 리무진 버스 투디 에어포엇
택시를 불러 주시겠습니까?	タクシーを 呼(よ)んで もらえますか。 타크시오 욘데 모라에마스까 Could you call a taxi for me? 쿠쥬 콜어 택시 풔 미
물론이죠, 문제 없습니다.	もちろん、いいですよ。 모치론 이이데스요 Sure, no problem. 슈어 노 프라블럼

2 공항에서

제가 공항까지 모셔다 드리겠습니다.	私(わたし)が 空港(くうこう)まで お送(お)りいたします。 와타시가 쿠-코-마데 오오쿠리이타시마스 I'll take you to the airport. 아이윌 테이큐 투디 에어포엇
뭐라고 감사드려야 할지 모르겠습니다.	なんと 感謝(かんしゃ)の言葉(ことば)を 言(い)えば いいでしょうか。 난토 칸샤노 코토바오 이에바 이이데쇼-까 I really can't thank you enough. 아일리얼리 캐앤트 쌩큐 이넢
대단한 건 아니잖아요.	たいしたことでは ないです。 타이시타코토데와 나이데스 It's no big deal. 이츠 노 빅디일
이 기념품을 당신께 드리겠습니다.	お土産(みやげ)を あなたに 差(さ)し上(あ)げます。 오미야게오 아나타니 사시아게마스 This souvenir is for you. 디스 쑤브니어 이즈 풔 유
고 맙 습 니 다. 이러지 않으셔도 되는데.	ありがとうございます。 こんなに しなくても いいのに。 아리가토-고자이마스 콘나니 시나쿠테모 이이노니 Thank you. You shouldn't have done this. 쌩큐 유슈든트 햅던 디스

즐거운 경험이 었습니다.	樂(たの)しい 時間(じかん)でした。 타노시이 지칸데시타 It was an exciting experience. 잇 워즈 어닉싸이팅 익스피어리언스
탑승 시간은 언제입니까?	搭乗(とうじょう)は 何時(なんじ)からです か。 토-죠-와 난지카라데스까 When is the boarding time? 웬이즈 더 보딩 타임
KE813편의 탑 승구는 몇 번 입니까?	KE813便(はっぴゃくじゅうさんびん)の 搭 乗(とうじょう)ゲートは 何番(なんばん)です か。KE핫퍄크쥬-산빈노 토-죠-게-토와 난반데스까 What's the gate number for KE813? 와츠더 게잇 넘버 풔 케이이 에잇 원 쓰리

핵심
단어 사전

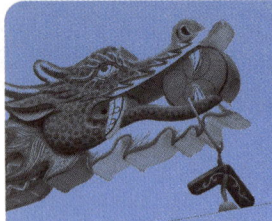

핵심단어 사전

수

1	**いち** 이치	one 원
2	**に** 니	two 투
3	**さん** 산, 상	three 쓰리
4	**よん、し** 욘, 시	tour 풔
5	**ご** 고	five 퐈이브
6	**ろく** 로쿠	six 씩스
7	**しち** 시치	seven 쎄븐
8	**はち** 하치	eight 에잇
9	**きゅう** 큐-	nine 나인
10	**じゅう** 쥬-	ten 텐
11	**じゅういち** 쥬-이치	eleven 일레븐
12	**じゅうに** 쥬-니	twelve 투웰브
20	**にじゅう** 니쥬-	twenty 투웬티
30	**さんじゅう** 산쥬-	thirty 써어티
40	**よんじゅう** 욘쥬-	forty 풔어티
50	**ごじゅう** 고쥬-	fifty 핍티

60	**ろくじゅう** 로쿠쥬	sixty 씩쓰티
70	**ななじゅう** 나나쥬	seventy 세븐티
80	**はちじゅう** 하치쥬-	eighty 에이티
90	**きゅうじゅう** 큐-쥬-	ninety 나인티
100	**ひゃく** 햐쿠	one hundred 원헌듀퀘드
1,000	**せん** 센	one thousand 원싸운선드
1,000,000	**ひゃくまん** 햐쿠망	one million 원밀리언

요일

일요일	**にちようび** 니치요-비	Sunday 썬데이
월요일	**げつようび** 게츠요-비	Monday 먼데이
화요일	**かようび** 카요-비	Tuesday 튜즈데이
수요일	**すいようび** 스이요-비	Wednesday 웬즈데이
목요일	**もくようび** 모크-비	Thursday 써스데이
금요일	**きんようび** 킨요-비	Friday 프롸이데이
토요일	**どようび** 도요-비	Saturday 쌔터데이

월

1월	**いちがつ** 이치가츠	January 재뉴어리
2월	**にがつ** 니가츠	February 페브뤄리
3월	**さんがつ** 상가츠	March 마아춰
4월	**しがつ** 사가츠	April 에이프럴
5월	**ごがつ** 고가츠	May 메이
6월	**ろくがつ** 로쿠가츠	June 쥬운

7월	**しちがつ** 시치가츠	July 쥴라이
8월	**はちがつ** 하치가츠	August 오거슷
9월	**くがつ** 쿠가츠	September 셉템버
10월	**じゅうがつ** 쥬-가츠	October 옥토버
11월	**じゅういちがつ** 쥬-이치가츠	November 노벰버
12월	**じゅうにがつ** 쥬-니가츠	December 디셈버

계절

봄	**はる** 하루	spring 스프링
여름	**なつ** 나츠	summer 써머
가을	**あき** 아키	fall 포얼
겨울	**ふゆ** 후유	winter 윈터

때

새벽	**よあけ** 요아케	dawn 도온
아침	**あさ** 아사	morning 모닝
정오	**しょうご** 쇼-고	noon 누운
오후	**ごご** 고고	afternoon 애프터누운
저녁	**ゆうがた** 유-가타	evening 이브닝
밤	**よる** 요루	night 나잇
자정	**よなか** 요나카	midnight 미드나잇
어제	**きのう** 키노우	yesterday 예스터데이
오늘	**きょう** 교우	today 투데이
내일	**あした** 아시타	tomorrow 터모로우

날씨

태양	**たいよう** 타이요우	sun 썬
구름	**くも** 쿠모	cloud 클라우드
비	**あめ** 아메	rain 뤠인
번개	**いなずま** 이나즈마	lightening 을라잇닝
천둥	**かみなり** 카미나리	thunder 썬더
하늘	**そら** 소라	sky 스까이
안개	**きり** 키리	fog 포옥
바람	**かぜ** 카제	wind 윈드
눈	**ゆき** 유키	snow 스노우
폭풍우	**あらし** 아라시	storm 스또엄
무지개	**にじ** 니지	rainbow 뤠인보우
화창한	**はれ** 하레	sunny 써니
흐린	**くもり** 쿠모리	cloudy 클라우디
비오는	**あめがふる** 아메가후루	rainy 뤠이니
바람부는	**かぜがふく** 카제가후쿠	windy 윈디

가족

어머니	**おかあさん** 오카–상	mother 머더
아버지	**おとうさん** 오토–상	father 퐈아더
할머니	**おばあさん** 오바–상	grand mother 그랜머더
할아버지	**おじいさん** 오지–상	grand father 그랜퐈아더
남편	**だんな** 단나	husband 허스번드
아내	**おくさん** 오쿠상	wife 와잎

229

아들	**むすこ** 무스코	son 썬
딸	**むすめ** 무스메	daughter 도터
형	**おにいさん** 오니–상	older brother 올더 브러더
누나	**おねえさん** 오네–상	older sister 올더 씨스터
남동생	**おとうと** 오토–토	younger brother 영거 브러더
여동생	**いもうと** 이모–토	younger sister 영거 씨스터
숙부	**おじさん** 오지상	uncle 엉클
숙모	**おばさん** 오바상	aunt 앤트
조카	**おい** 오이	nephew 네뷰
조카딸	**めい** 메이	niece 니이스
사촌	**いとこ** 이토코	cousin 커즌

사람

남자	**だんせい** 단세–	man 맨
여자	**じょせい** 죠세–	woman 우먼
소년	**しょうねん** 쇼–넨	boy 보이
소녀	**しょうじょ** 쇼–죠	girl 거얼
노인	**としより** 토시요리	old person 올드 퍼슨
아기	**あかちゃん** 아카짱	baby 베이비
아이	**こども** 코도모	child 촤일드
어른	**おとな** 오토나	adult 애덜트
의사	**いしゃ** 이샤	doctor 닥터
간호사	**かんごし** 칸고시	nurse 너스
경찰관	**けいさつかん** 케이사츠칸	policeman 폴리스먼
운전사	**うんてんしゅ** 은텐슈	driver 쥬롸이버

점원	**てんいん** 텐잉	clerk 클러억
웨이터	**ウェイター** 웨이타-	waiter 웨이터
지배인	**マネージャー** 마네-쟈-	manager 매니저
요리사	**りょうりし** 료-리시	cook 쿡
조종사	**パイロット** 파이롯토	pilot 파일럿
남승무원	**だんせいじょうむいん** 단세-죠-무잉	steward 스튜어드
여승무원	**じょせいじょうむいん** 죠세-죠-무잉	stewardess 스튜어디스

장소

호텔	**ホテル** 호테루	hotel 호텔
은행	**ぎんこう** 깅코-	bank 뱅크
우체국	**ゆうびんきょく** 유-빙쿄쿠	post office 포스토퓌스
경찰서	**けいさつしょ** 케-사츠쇼	police station 폴리스떼이션
병원	**びょういん** 뵤-잉	hospital 하스삐틀
약국	**やっきょく** 얏쿄쿠	pharmacy 파아머시
대사관	**たいしかん** 타이시칸	embassy 엠버씨
공항	**くうこう** 쿠-코-	airport 에어포엇
역	**えき** 에키	station 스떼이션
지하철역	**ちかてつえき** 치카테츠에키	subway station 써브웨이 스떼이션
버스터미널	**バスターミナル** 바스타-미나루	bus terminal 버스 터미널
박물관	**はくぶつかん** 하크부츠캉	museum 뮤지엄
도서관	**としょかん** 토쇼칸	library 을라이브뤄리
극장	**えいがかん** 에-가캉	theater 씨어터

서점	**ほんや** 홍야	book store 북스또어
학교	**がっこう** 각코-	school 스꾸울
교회	**きょうかい** 쿄-카이	church 춰어취
동물원	**どうぶつえん** 도-부츠엔	zoo 주우
공원	**こーえん** 코-엔	park 파억
다리	**はし** 하시	bridge 브뤼쥐
시청	**しやくしょ** 시야쿠쇼	city hall 씨티 호올
편의점	**コンビニ** 콤비니	convenience store 컨비니언스또어
백화점	**デパート** 데파-토	department store 디파엇먼트 스또어

교통

버스	**バス** 바스	bus 버스
장거리버스	**ちょうきょりバス** 쵸-쿄리 바스	long distance bus 을롱디스턴스 버스
버스 정류장	**バス てい** 바스테-	bus stop 버스땁
택시	**タクシー** 타크시-	taxi 택시
지하철	**ちかてつ** 치카테츠	subway 써베이
교통신호등	**こうつうしんごう** 코-츠-신고-	traffic light 츄뤠픽라잇
횡단보도	**おうだんほどう** 오-단호도-	crosswalk 크로쓰워억
기차 건널목	**ふみきり** 후미키리	rail crossing 뤠일 크로씽
매표소	**きっぷうりば** 킷푸 우리바	ticket office 티킷 오퓌스
급행열차	**きゅうこう** 큐-코-	express train 익스프뤠스 츄뤠인
보통열차	**かくえきでんしゃ** 카쿠에키덴샤	local train 을로컬 츄뤠인

식당차	**しょくどうしゃ** 쇼쿠도-샤	dining car 다이닝 카
침대차	**しんだいしゃ** 신다이샤	sleeping car 슬리이핑 카
지정석	**していせき** 시테이세키	designated seat 데지그네이티드 씨잇
왕복	**おうふく** 오-후쿠	round trip 롸운드 츄립
편도	**かたみち** 카타미치	one way 원웨이
개찰구	**かいさつぐち** 카이사츠구치	gate 게잇
연락선	**れんらくせん** 렌라쿠센	ferry 페뤼

방향

왼쪽	**ひだり** 히다리	left 을레프트
오른쪽	**みぎ** 미기	right 롸잇
앞	**まえ** 마에	front 프론트
뒤	**うしろ** 우시로	back 백
동	**ひがし** 히가시	east 이스트
서	**にし** 니시	west 웨스트
남	**みなみ** 미나미	south 싸우쓰
북	**きた** 키타	north 노어쓰
가까운	**ちかい** 치카이	close 클로우쓰
먼	**とおい** 토오이	far 퐈

색깔

빨간색	**あか** 아카	red 뤠드
분홍색	**ピンク** 핑쿠	pink 핑크

주황색	オレンジ 오렌지	orange 오륀쥐
노란색	きいろ 키이로	yellow 옐로우
초록색	みどり 미도리	green 그뤼인
파란색	あお 아오	blue 블루
자주색	むらさき 무라사키	purple 퍼어플
갈색	ブラウン 부라운	brown 브라운
회색	グレー 구레-	gray 그뤠이
검정색	くろ 쿠로	black 블랙
흰색	しろ 시로	white 와잇

표지판

입구	いりぐち 이리구치	Entrance 엔츄런스
출구	でぐち 데구치	Exit 엑씻
위험	きけん 키켄	Danger 데인줘
주의	ちゅうい 츄-이	Caution 코오션
경고	けいこく 케이코쿠	Warning 워어닝
비상구	ひじょうぐち 히죠-구치	Emergency Exit 이머전시 엑씻
공중변소	こうしゅうトイレ 코-슈- 토이레	Public Lavatory 퍼블릭래버터뤼
비매품	ひばいひん 히바이힝	Not for Sale 낫 풔 세일
고장	こしょう 코쇼-	Out of Order 아우덥 오러
통행금지	つうこうきんし 츠-코-킨시	No Trespassing 노우 츄뤠스패씽
출입금지	でいりきんし 데-리킨시	Off Limits 옵리미츠
수리중	しゅりちゅう 슈리츄	Under Repair 언더 뤼페어
이용금지	りようきんし 리요-킨시	Not in Use 나딘 유스

식사

아침식사	**あさごはん** 아사고항	breakfast 브렉퍼슷
점심식사	**ちゅうしょく** 츄–쇼쿠	lunch 을린취
저녁식사	**ゆうしょく** 유–쇼쿠	dinner 디너
한식	**かんこくりょうり** 칸코쿠료–리	Korean dish 코뤼언 디쉬
양식	**ようしょく** 요–쇼쿠	Western dish 웨스턴 디쉬
중식	**ちゅうか** 츄–카	Chinese dish 차이니스 디쉬
일식	**わしょく** 와쇼쿠	Japanese dish 재패니스 디쉬
샐러드	**サラダ** 사라다	salad 샐러드
수프	**スープ** 스–푸	soup 수웁
밥	**ごはん** 고항	rice 롸이스
빵	**パン** 팡	bread 브렏
숟가락	**スプーン** 스푼	spoon 스푸운
젓가락	**はし** 하시	chopsticks 찹스틱스
포크	**フォーク** 훠–크	fork 포억
나이프	**ナイフ** 나이흐	knife 나이프

요리

쇠고기	**ぎゅうにく** 규–니쿠	beef 비잎
돼지고기	**ぶたにく** 부타니쿠	pork 포억
닭고기	**とりにく** 토리니쿠	chicken 취큰
생선	**さかな** 사카나	fish 퓌쉬
양고기	**ひつじのにく** 히츠지노니쿠	mutton 머튼

오리고기	かもにく 카모니쿠	duck 덕
햄	ハム 하므	ham 햄
굴	カキ 카키	oyster 오이스터
새우	えび 에비	shrimp 쉬림프
전복	アワビ 아와비	abalone 애벌로우니
연어	さけ 사케	salmon 쌔먼
오징어	イカ 이카	squid 스퀴드
바다가재	いせえび 이세에비	lobster 을랍스터
게	カニ 카니	crab 크렙
조개	かい 카이	shellfish 쉘퓌쉬
참치	まぐろ 마구로	tuna 튜너

조미료

간장	しょうゆ 쇼-유	soy sauce 쏘이쏘오스
고춧가루	しちみ 시치미	powdered red pepper 파우더드 뤠드페퍼
겨자	わさび 와사비	mustard 머스터드
후추	こしょう 코쇼-	pepper 페퍼
소금	しお 시오	salt 쏘얼트
설탕	さとう 사토-	sugar 슈거
식초	す 스	vinegar 비니거
케첩	ケチャップ 케챠푸	ketchup 케첩
버터	バター 바타-	butter 버터
마요네즈	マヨネーズ 마요네즈	mayonnaise 메이어네즈

스포츠

축구	**サッカー** 삿카-	football 풋보올
야구	**やきゅう** 야큐-	baseball 베이스보올
농구	**バスケットボール** 바스케토보-루	basketball 배스킷보올
배구	**バレーボール** 바레-보-루	volleyball 발리보올
탁구	**たっきゅう** 탓큐-	table tennis 테이블테니스
양궁	**アーチェリー** 아-체리-	archery 아춰뤼
유도	**じゅうどう** 쥬-도-	judo 쥬도우
수영	**すいえい** 스이에이	swimming 스위밍
역도	**じゅうりょくあげ** 쥬-료쿠아게	waight lifting 웨잇리프팅
승마	**じょうば** 죠-바	horse riding 호스롸이딩
낚시	**つり** 츠리	fishing 퓌슁
골프	**ゴルフ** 고루후	golf 골프

질병

두통	**ずつう** 즈츠	eadache 헤드에익
복통	**ふくつう** 후쿠츠-	stomachache 스따먹에익
치통	**はいた** 하이타	toothache 투우쓰에익
독감	**インフルエンザ** 인후루엔자	flu 플루
기침	**せき** 세키	cough 커프
현기증	**めまい** 메마이	dizziness 디지니스
피로	**ひろう** 히로-	fatigue 풔티그
소화불량	**しょうかふりょう** 쇼-카후료	indigestion 인디줴스쳔

식중독	しょくちゅうどく 쇼크츄-도쿠	food poisoning 푸웃 포이즈닝
타박상	うちみ 우치미	bruise 브루우즈
천식	ぜんそく 젠소쿠	asthma 애스머
폐렴	はいえん 하이엔	pneumonia 뉴우모니어
알레르기	アレルギー 아레루기	allergy 앨러쥐
상처	きず 키즈	wound 우운드
통증	いたみ 이타미	pain 페인
체온	たいおん 타이온	body temperature 바디 템퍼뤄춰
출혈	しゅっけつ 슛케츠	bleeding 블리이딩
수혈	ゆけつ 유케츠	transfusion 츄랜스퓨젼
수술	しゅじゅつ 슈쥬츠	operation 오퍼뤠이션
진통제	ちんつうざい 친츠-자이	pain killer 페인킬러
해열제	げねつざい 게네츠자이	fever remedy 퓌붜 뤠미디
붕대	ほうたい 호우타이	bandage 밴디쥐
연고	ぬりぐすり 누리구스리	ointment 오인트먼트
알약	じょうざい 죠-쟈이	tablet 태블릿
처방전	しょほうせん 쇼호-센	prescription 프뤼스끄립션

긴급 상황

교통사고	こうつうじこ 코-츠-지코	traffic accident 츄뤠픽 액씨던트
강도	ごうとう 고-토-	robbery 롸버뤼
소매치기	すり 스리	pickpocket 픽파킷
경찰관	けいさつかん 케이사츠간	police officer 폴리스 오퓌서
속도위반	そくどいはん 소크도이한	speeding 스삐이딩

구급차	きゅうきゅうしゃ 큐-큐-샤	ambulance 앰뷸런스
귀중품	きちょうひん 키쵸-힌	valuables 밸류어블즈
도둑맞다	ぬすまれる 누스아레루	be stolen 비 스또울런
신고하다	とどける 토도케루	report 리포엇
변상하다	べんしょうする 벤쇼-스루	compensate 캄펀세잇
싸우다	たたかう 타타카우	fight 퐈잇
말다툼하다	いいあらそう 이이아라소-	quarrel 쿼럴
비상사태	きんきゅうじたい 킨큐-지타이	emergency 이머전시
응급처치	おうきゅうてあて 오-큐-테아테	first-aid 풔어스떼이드